はじめに……2

第1章 ガンプーストレッチ……7
瞑想と武術の深い関係／ガンプーストレッチで瞑想の身体的基礎を作る
瞑想で〝内なる力〟を磨く

第2章 站樁（立禅）・試力……21
站樁は立って行う瞑想／〝不動の動〟を体得／全ての基礎となる提揷樁の立ち方と要訣
イメージで深層筋を鍛錬／瞑想で培った心身が生む無意識の交差法

第3章 套路（動禅）・摩擦歩（這）……39
太極拳は動く瞑想／九十九式太極拳の套路／片足立ちの重要性／ゆっくり動けば速くなる

第4章 ヴィパッサナー瞑想（拳禅一如）……55
瞑想で拳禅一如の境地へ／鼻呼吸を観察するアーナーパーナ瞑想
全身を細かく観察するヴィパッサナー瞑想／慈悲の瞑想は流して観察
瞑想三昧の日々を送ったインド5ヶ月の旅

第5章 武医同術 …… 67
武医同術＝活殺自在／中国＆インド武術のツボ／大事なのは柔らかさ感度を上げて瞑想で治す

第6章 医食同源 …… 81
瞑想と「食」の深い関係／発芽玄米のススメ／効果的な調味料の選び方「医食同源」を実践する食事メニュー

第7章 行住坐臥 …… 95
「臥」で心身をリラックス／散打を制した瞑想の力／「坐」は体の中を利かせる「住」で用意不用力を実感／「行」は全て体幹部主導

第8章 後発先至① …… 109
ジャワ島でのトラブル／「後発先至」の稽古法

第9章 後発先至② …… 123
足・胆・力を錬り上げる／「後発先至」の上級稽古法／本場タイでムエタイ修行

第10章 自由攻防（試合）に活かす …… 137
数多の強豪たちとの戦歴／心身の質的変換と鍛錬法の変化
散打の最高峰で日本人が中国武術の極意を見せた

第11章 明鏡止水 …… 149
「明鏡止水」は心身共にピュアな理想的状態／臍下丹田を感得する鍛錬法と呼吸法

第12章 梵我一如 …… 161
我と宇宙は同一である／片鼻呼吸法で陰陽が調う／聖音を唱えながらの瞑想
養生と鍛錬を同時に行う／瞑想で至る究極の境地は恐怖なしに生きること

特別編 野稽古のススメ …… 175
野稽古で五感を磨く／プラーナ（氣）を感じる／三体式と五行拳
自然と共に生きたオーストラリアでの日々

おわりに……189

第1章

ガンプーストレッチ

GUMPU METHOD

瞑想と武術の深い関係

私は普段、ストレッチ、気功（站樁功《たんとうこう》&禅密功）、九十九式太極拳を中心に、深井信悟先生が考案した深井式丹田メソッドやヨーガ、これまで学んできた様々な武術・格闘技を融合させた総合的な体系をガンプーメソッドとして指導しております。なおガンプーとはGUMPUと表記され、「岡部」を中国語（普通語）で発音したものです。

他にも日本柔道整復専門学校で基礎医学を、サイード・パリッシュ・サーバッジュー先生にカイロプラクティック（ディバーシファイド・ＳＯＴ）を学び、接骨院とクリニックのリハビリ科に勤務した経験も活かして、自分の生徒限定でプラニックヒーリング&整体も行っています。

それでは自己紹介はこのくらいにして、本筋である瞑想の概要について述べていきたいと思います。最近、以前に比べて瞑想に対する世の中の注目度が高まってきているように感じます。私が学んだヴィパッサナー瞑想（御釈迦様が悟りを開いた瞑想法）等をベースに、宗教色を排したマインドフルネスという名称で一般の方々にも行いやすいものが流行しているようです。

1998年、中国の深圳にて開催された第1回世界散打搏撃選手権。站椿や瞑想など、ほぼ内功の鍛錬のみで臨んだこの大会で、日本人初の散打64キロ級世界王者となった（写真提供◎田中誠一）。

しかし一般的に現代人は運動不足に加えて飽食で、自律神経の交感神経と副交感神経のバランスが乱れて、交感神経が優位になっている方々が多いと思います。

禅の総本山こと中国河南省の嵩山《すうざん》少林寺では禅を深めるために拳法を修練し、インドのハタヨーガでもアーサナ（動物の形や動作を真似たポーズ）はより良い瞑想ができるようになるために行います。

これは伝説ですが、インドからやって来た菩提達摩《ぼだいだるま》が嵩山少林寺に禅を伝えようとしたものの、当時の僧侶たちは身体を鍛えていなかったため、坐禅を行うこと自体が難しかったそうです。そこで易筋経《えききんきょう》（筋を柔らかくする練功法）を教えて身体を柔軟にし、バランスを整えてから坐禅を行うようにさせたという逸話が残っています。

身体の筋骨格系に歪みがあり、硬くなっている箇所があれば、正しい姿勢で長時間坐り続けることは難しいはずです。ハタヨーガのアーサナも同様で、これらは自己整体を行っているともいえます。

気功、太極拳、禅、ヨーガ等を修練していく中で、調身、調息、調心という用語が出てきます。これは身体を調えると、息（呼吸）が調い、心が調うことを表します。調身、調息、調心のどれからアプローチしていってもＯＫですが、私は基本的に調身から行っていきます。

ガンプーストレッチで瞑想の身体的基礎を作る

１９９６年にインドを初めて訪れて約５ヶ月間旅をした際に、大変お世話になったインド在住のヨーガ研究の第一人者・相方宏先生から「ストレッチはインドのヨーガを元にして西欧で作成された」とお聞きしたことがあります。

相方先生は当時、プーナ近郊ロナワラのインドのヨーガ教師を養成するカイヴァラヤダーマヨーガ研究所の付属カレッジを卒業後、プーナ大学哲学科の修士課程で学ばれていたのですが、3日間、相方先生ご夫妻のお住まいに泊めていただくことになり、インド精神修養の旅で役に立つ情報を色々と教えていただきました。さらに朝夕のヨーガをご一緒させていただいたことも貴重な経験となっています。

ストレッチも太極拳、形意拳、八卦掌、心意六合拳といった中国内家拳法の身体操作と同様に行っていけば、ストレッチそのものも瞑想に還っていくのだと思います。

ガンプーストレッチは、ベースになったものはありますが、私が気功、太極拳を中心に様々な武術や格闘技を学んだ際の準備運動が自然に融合して生まれたもので、私自身、毎日欠かさず25年間継続しています。

太極拳教室を始めて14年半になりますが、約10年間は、站椿と套路《とうろ》の前にガンプーストレッチを30分ほど行っていました。しかし、週1回通われている生徒さんと個人指導で深井式丹田メソッドも行っている生徒さんとの差が目立つようになってきました。

やはり指導をさせていただいている側としても本質を伝えたいと思い、約4年半前に大改革に踏み切り、ガンプーストレッチに深井式丹田メソッドの要点を落とし込んでいきました。

ガンプーストレッチ

四股肩入れ

まず四股の体勢で開脚して立ち、そこから肩を前方に深く入れる。肩周りの筋や背骨をしっかりと伸ばすように。この動作に限らず、ガンプーストレッチは基本的に全て左右両方行うこと。

四股左右移動

四股の体勢から肘を膝の上に置き、前方に体を傾けて腿の内側の筋を伸ばす。次に骨盤・背骨・頭を一体にした状態を崩さず左右に体を移動させ、ふくらはぎやアキレス腱をストレッチする。著者は、このストレッチを 30 分以上連続で行うこともある。

足刀返し

「中足返し」から体を側面に向けて足刀を返し、外踝側の筋を伸ばす。「中足返し」と同じく蹴り技に活きてくる。

中足返し

蹴りに活きるストレッチ。足指を反らして中足を返す。前足つま先と鼻先、両足つま先と膝が同じ方を向くように。

【弓歩要訣確認】

足幅を肩幅に取り、弓歩の形を作る（①）。次に前後幅の確認として、右膝を床につくようにして身を沈める。左手は左膝の上、右手は右膝の前に置き、ちょうど前足の踵と後脚の膝が一直線上に重なる位置になるように。この時、膝ではなく肚（丹田）から動く意識を持つ（②）。体を起こして側面に開き、両膝とつま先の向きを合わせる（③）。両手の指先を胯（股関節）に当て、そのまま弓歩の形に戻す。この時も肚から動くように（④）。視線を正面へ向けて胸を緩め、首や肩をリラックスさせる。両脚と腸腰筋は内旋し、頭頂部は天に向かって吊られ、肛門を引き上げる意識を持つ。最後に太極拳の「摟膝拗歩」の姿勢を取る（⑤）。

【独立歩脚回し】

丹田との繋がりを感じながら、軸足側の足裏、指、甲、足首、膝、股関節の順に緩めていき、反対側の脚を腸腰筋で引き上げて独立歩の形を作る(①)。つま先と膝の向きが合い、両脚と腸腰筋は内旋する。次に左足つま先を 45 度外側に向けて下ろし、半座盤の形になる（②)。この時、左脚は外旋して右脚は内旋する。両手は内側に捻りつつ、指先は胯に当てる。後脚の膝は前方に、鼻先は前脚の膝と同じ方向を向く。股関節、膝、つま先の角度は変えず、先と同じように丹田との繋がりを感じながら右脚を引き上げ、そのまま、膝から下を垂らした状態で滑らかに回す（左回しと右回し両方行う)。視線は正面で、遠くの山を見るように。余裕があれば全方位を見ているような意識を持つ（③)。

その結果、以前は一緒に太極拳を行う時に生徒さんが私の遅速についてくることは難しかったのですが、現在では、ほぼ同じように行うことが可能となりました。もちろん、「一人一太極」といわれるように本来はそれぞれの速度で行えば良いのですが……。現在は私が一人で行う際と同じく、教室でもガンプーストレッチを約1時間かけて行っています。

ガンプーストレッチは心も身体もリラックスして最初から最後まで通して行うことにより、全身の柔軟性を高めてこわばっている部分をほぐしていきます。肩こり、腰痛、膝痛等の改善、転倒予防、寝たきり予防にも役立ち、養生の観点からも大変優れていると自負しております。

また体幹部主導で全身の機能性を高めていくので、太極拳のみならず様々な武術・格闘技の上達、さらには野球・テニス・バスケットボール等のスポーツ、茶道・書道・ピアノ・コーラスといった芸事を嗜んでいる方々にも益することが大で、様々な方面で効果を発揮します。加えて、站椿功や太極拳と合わせて行うことでより精度が上がり、臍下丹田から足の裏、頭のてっぺん、手の平、指先までの繋がりを感じることが可能になっていきます。

私が会長を務めている総合武道研究会 玄武館でも、武術を本格的に学びたいという方々に対しては、まずガンプーストレッチから指導しています。一緒にガンプーストレッチから始めることにより、柔軟性や身体のどの部分が使えていないか等を観させていただき、柔軟性を高めて、身体の使えていない部分を使えるようにしていきます。

なお、これまで指導させていただいた中には、愛鷹亮選手（Bigbang ヘビー級王者）、石井一成選手（KING OF KNOCK OUT 初代フライ級王者）、鈴木博昭選手（シュートボクシング元世界スーパーライト級王者）、内藤大樹選手（シュートボクシング 元日本スーパーバンタム級王者）といった一流のプロ格闘家の方々もおられます。

さて、少し話が戻りますが、当初は30分で行っていたストレッチの時間が、なぜ倍の1時間に変化していったのか？　それは一つひとつのストレッチをゆっくりと正確に、丁寧に行うことで、肩腕主導、脚膝主導の動きを根本から改善し、体幹部主導（肚脇主導）の動きへと質的転換していくためです。

特に動的ストレッチとして行う水平回転のスワイショウ、通背功、縦回転のスワイショウは、かなり時間をかけて行います。肩腕主導、頭首主導の動きが強く、どうしても動作の起こりが出てしまう場合には、補強として山西派宋氏形意拳の龍形基本功と熊形基本功を応用した動作を行い、姿勢を崩さず気功や太極拳の要訣を守りながら動くことができるように訓練していきます。

弓歩、坐後腿、朴歩、独立歩、半坐盤といった立ち方も、同様に意守丹田、氣沈丹田、尾閭《びろ》中正《ちゅうせい》、収臀提肛《しゅうでんていこう》、円襠《えんとう》、鬆跨《しょうこ》、鬆腰、沈肩墜肘、含胸抜背、虚霊頂頸、立身中正、上虚下実、上顎舌頂といった太極拳の要訣を内外両面から確認しながら行っていきます。

このストレッチの中で行う一つひとつの立ち方は、拳法禅、站椿功でもあり、内観をしながら自己を客観視できるようにしていきます。

瞑想で〝内なる力〟を磨く

ここでようやく、瞑想の本義ともいうべき、内観と自己を客観視するという言葉が出てきました。はっきり言ってしまえば、太極拳やヨーガも内観ができているかどうかで、そのレベルの高さを推し量ることができます。

例えば、自身が套路を行っている時の感覚と、それをカメラで撮影した映像を比べてみて、自分がこのように動けているという感覚と実際の映像の動きが一致していればいるほど、内観ができているといえます。逆に自分の感覚と映像がかけ離れていればいるほど、内観ができていないことになります。内観ができているということは自己を客観視できるということであり、

スワイショウ

胯(股関節)を意識

肩幅で立ち、つま先はまっすぐ正面に向ける。両手の指先を胯（股関節）に当て（①)、そのまま体を左右に回す（②③)。胯に指先を当てることで、より全身の一体感が得られやすくなる。高い椅子に腰掛けているような意識を持ち、頭頂部は天から吊られているイメージで行う。

水平回転

先の「胯を意識」と同じようにして立ち、両腕は自然に垂らしておく。肚から体幹部主導で身体を左右に回すことにより、両腕は自然に振れていく（①〜③)。この時も太極拳の各要訣を崩さないように。初級者は腕だけで振ってしまいがちなので、「胯を意識」から始めるのがベターだ。

縦回転

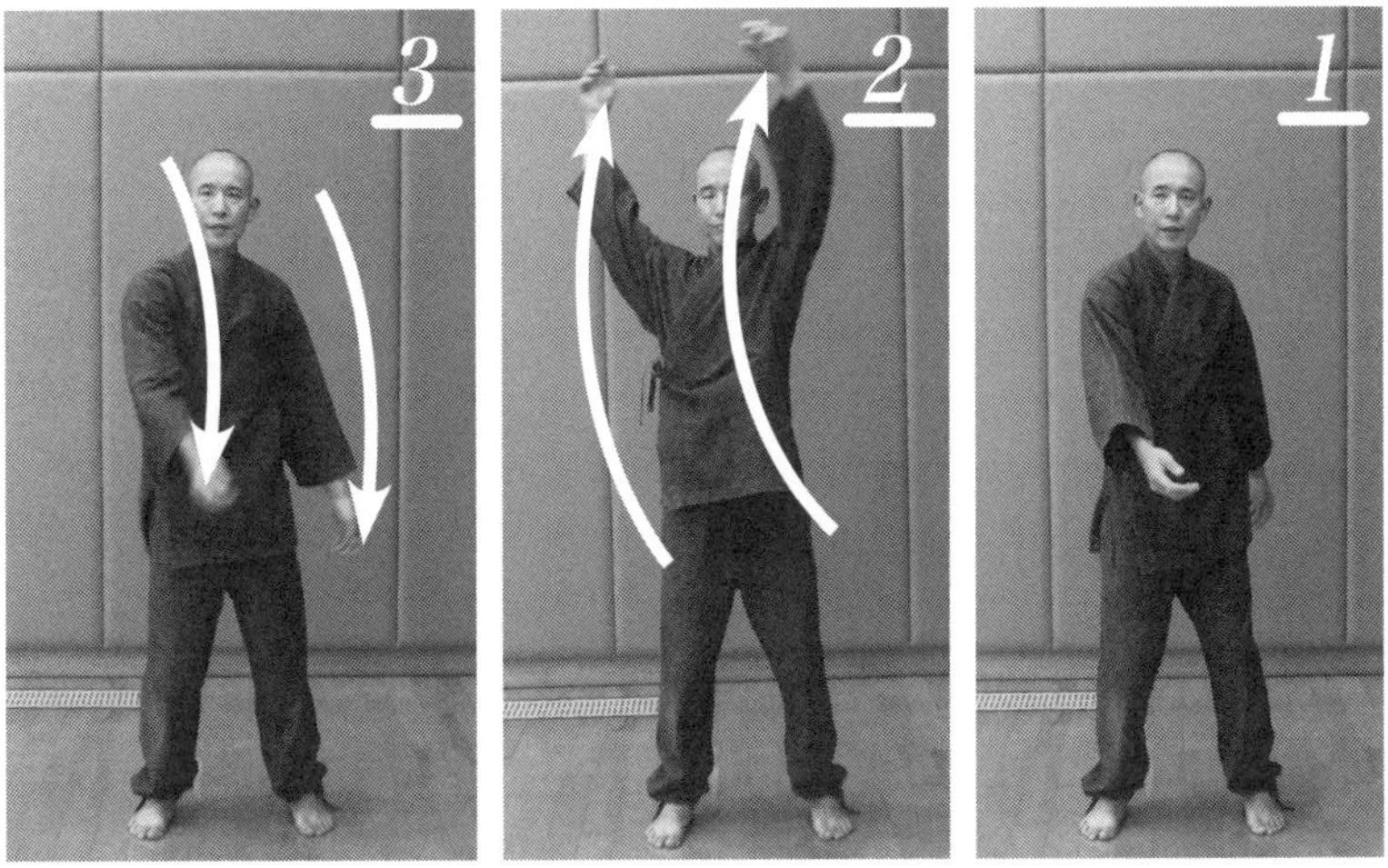

全身をリラックスし、両腕を縦に旋回させる（①〜③）。はじめはゆっくり、徐々にスピードを上げて滑らかに行う。これも初級者は肩や腕だけで振ってしまいがちなので注意。体幹部で腕をコントロールすることで、攻撃・防御の双方に活きる“重い腕”が養成される。

それは瞑想の技術が身についているからこそです。

武術の場合は、空手の型のように一人で行う所作もあれば、巻き藁やサンドバッグのように標的に対する場合、約束組手や自由組手のように対人の場合もあります。さらに実戦を想定した場合は一対一、一対多数、相手が武器を持っている状況も考えられます。

そういった多種多様かつ千変万化する状況の中でも、心身共にリラックスしながら内観と客観視し続けることができ、常に普段と同じように動けることが理想です。もちろん容易なことではありませんが、これを実現するための鍵が瞑想です。

私は今から20年以上前、1998年に中国の深圳《しんせん》で開催された第1回世界散打搏撃選手権に出場しました。この大会には站椿や瞑想など、ほぼ内功の鍛錬のみで臨みましたが、結果として日本人初の散打64キロ級世界王者となることができました。

これは私にとっても筋力とは明らかに異なる内功の威力を確信する大きな切っ掛けにもなりましたが、本書ではこういった〝内なる力〟を磨くための具体的な方法論を紹介させていただきます。

第2章

站椿（立禅）・試力

GUMPU
METHOD

站椿は立って行う瞑想

太極拳、意拳、太氣拳、気功等を修練されている方々は普段から「站椿（立禅）」に親しんでいるかと思います。しかし、日本武道を嗜んでいる方々にはあまり馴染みがないかもしれませんので、站椿について少しご説明致します。

站椿の原義は〝杭のように立つ〟とあり、これは立ったまま行う瞑想といえます。大木を抱えるように行う形が代表的で、これを意拳では撑抱椿《しょうほうとう》、太氣拳では立禅、私が学んだ天空氣功道では三円式立功と呼ばれています。

私が修行の主軸としている九十九式太極拳を初めて日本に伝えた王樹金老師も、国手と呼ばれた意拳創始人・王向齋《おうこうさい》先生から站椿（拳法禅）を学び、1日に4時間行うほど重視されていたそうです。

また日本人として唯一人、中国で王向齋先生より意拳を学んだ澤井健一先生は、帰国後に太氣拳を創始して、立禅という名で站椿を日本に伝えました。

站椿は一見しただけでは、何のために行うのか、どのような効能があるのかわかりにくいかもしれません。これについて、王向齋先生は『意拳論』の序文で「站椿を行う目的は内勁を養う事にある」とし、澤井先生は「立禅を行う事で本能を呼び覚ます」という言葉を残しています。さらに私自身としては、中心軸の形成、臍下丹田《せいかたんでん》の感得、氣感の養成等を得られると実感しています。

〝不動の動〟を体得

私の太極拳教室ではガンプーストレッチで全身をくまなくほぐした後、意拳養生椿（提挿《ていそう》椿《とう》・扶按椿《ふあんとう》・撑抱椿）を行い、次に站椿で養った姿勢・感覚等を失わないようにしたまま動く「試力《しりき》（開合《かいごう》試力・提按《ていあん》試力）」を行い、最後に太極拳の套路（型）を行います。

太極拳の要訣に〝静中求動〟〝動中求静〟とあるように、站椿で〝不動の動〟の体得を目指していきます。

澤井先生は「勢いよく回っている独楽《こま》は一見すると止まって見えるが、軸の部分のみで地面と接してバランスを取っており、ひと度何かが触れると、それはすぐに弾きとばされてしまう」

と、氣の充実した〝不動の動〟の状態を回転している独楽にたとえました。

また王向齋先生は「四如の境地に至らなければ、拳を語る資格がない」とおっしゃったそうです。四如の境地とは、①体が鋳物の如く、②体に鉛を注いだが如く、③筋肉が一塊の如く、④毛髪が戟《げき》の如く、と定義されます。これらはその境地に至り、実感しないとわからない感覚だと思いますが、一定期間しっかりと錬功を継続していけば、いずれ至ることができると思います。

全ての基礎となる提挿椿の立ち方と要訣

それでは、意拳養生椿の提挿椿から行っていきます。これは最も基本的な站椿であり、全ての基礎となる非常に重要なものです。王向齋先生がおっしゃったように、はじめは心地よく立てれば良いと思います。

足幅は肩幅で踵と爪先を真っ直ぐにし、爪先を前に向けます。臍下丹田から足裏、足指、足甲、足首、膝、股関節を緩めて、お尻は高い椅子に腰かけるようにします。股関節、膝関

提挿椿

足幅は肩幅で、各関節を緩めて高い椅子に腰かけるように。各関節にボールを挟んでいる感覚で、頭頂部と肘は上から吊られているように。胸を緩めて背中を開き、足の指はつまんでいるかいないか、踵は浮かしているかいないか。手の平を少しへこませ、大腿の外側に向ける。指の間に綿の球を挟んで落とさないような感覚で、指先は下に向ける。

側面

正面

節、足首は緩んで各関節にはボール（テニスボール程度の大きさ）を挟んでいる感覚です。

頭頂部は紐と繋がっていて、上から吊られているように。顎が上がりやすい方は、後頂部（後頭部の頂点）が吊られている感じにすると顎が上がりにくくなり、視界もより遠くを観ることができるようになります。

目は遠くを見つめ、意識は自身の中に向けます。眉間に皺を寄せず眉間を開くように。耳は雨音に耳を澄ましている感じです。頬は少し膨らませて微笑しているようにし、歯は噛み合わせているかいないか、舌の先端は上顎（前歯の裏側最上部よりやや内側の位置）に付けます。

口の中に唾液が溜まってきたら、ゆっくりと飲み込んでください。唾液には全身の皮膚や血管の細胞を活性化させ、老化を防ぐ唾液腺ホルモンのパロチンが含まれています。

首肩の力を抜いて（放鬆《ファンソン》）、胸（胸骨最上部の柄《へい》と左右の胸鎖関節）と顎（下顎）の間にも、各関節と同じくボールを挟んでいて落とさない感じです。これはヨーガのジャーランダラバンダに対応します。この時、喉の真ん中辺り（ヴィシュッダチャクラ）と臍のすぐ上辺り（マニプーラチャクラ）の繋がりを感じてください。

胸を緩めて背中を開き、足の指はつまんでいるかいないか、踵は浮かしているかいないか。この微妙なところをキープすることにより、臍下丹田（腸腰筋）から大腿部の内側（内側広筋・

半腱様筋・半膜様筋）、膝の内側、下腿部の内側（ヒラメ筋）、内踝、足裏のアーチ（土踏まず・足底筋膜）までが繋がりやすくなります。ちなみに太氣拳の場合は踵を紙一枚浮かすくらい、陳家太極拳では踵重心で行います。

上肢は肘を緩めて上から滑車で吊られているようにし、手の平を少しへこませて、五指の指と指の間に綿の球を挟んで落とさないように。手の平は大腿の外側に向けて指先は下に向けます。

イメージで深層筋を鍛錬

提挿椿の姿勢についてのポイントは以上になります。次に、立つ際に用いるイメージをご説明致します。

美しい森の中に湖があります。
湖に木の舟が浮いています。

扶按椿

提挿椿から両掌を下に向け、腰の前辺りまで持ってくる。この時のイメージは、腰まで水に浸かっており、水面に浮いている板の上に両手を置いているように。さらに板を押したり戻したりして、水の抵抗力と浮力を感じる。これも実際には体を動かさず、イメージのみで行うこと。

側面

正面

撐抱樁

側面

正面

扶按樁から、両掌を内に向けつつ肩の高さくらいまで持ってくる。肩肘を落とし、胸を緩めて背中を開く。この時のイメージは、各指の間に綿の球を、両脇にはテニスボールを挟んで落とさず。また両手の指は見えない糸で繋がり、両掌、前腕、上腕、胸全体で紙風船を抱える。

その木の舟に立っています。

このようなイメージをすることによってリラックスしやすくなり、脳波はβ波からα波に、さらにθ《シータ》波が出やすくなります。王向齋先生は「意拳の站椿は養生と鍛錬が一体になっている」と述べておりますが、先のイメージは休息のためのもので、リラクゼーションとして行えば呼吸が深くなり、自律神経の副交感神経も優位になり、脳内麻薬のβエンドルフィン等が分泌されて治病効果が得られやすくなるでしょう。

そしてここからは、少し難しいかもしれませんが鍛錬のイメージです。

手の指先から水面に向かって腕だけが伸びていきます。
さらに腕だけ伸びていって、湖底の泥に手首辺りまで突き刺さります。
その手を抜いたり刺したりします。

この時、実際には肩、腕、手は動かさず、股関節、膝、足首の屈伸を用いずにイメージのみで行います。手を泥から抜く時に重心が下がり、泥に刺す時に重心が上がります。呼吸は自然

樹木の傍らで撑抱椿を行う著者。站椿はいつでもどこでもできる優れた瞑想法であり鍛錬法だが、自然の中で行うことで、より高い効果が得られる。

開合試力

両手を下ろして指先を前下方に向ける。腰まで水に浸かっているイメージを持ち、両手の間隔を広げたり狭めたりして水の抵抗力を感じ、その感覚を全身に広げてゆく（①～④）。熟練すれば、感覚に従って形に変化を加えてもよい。

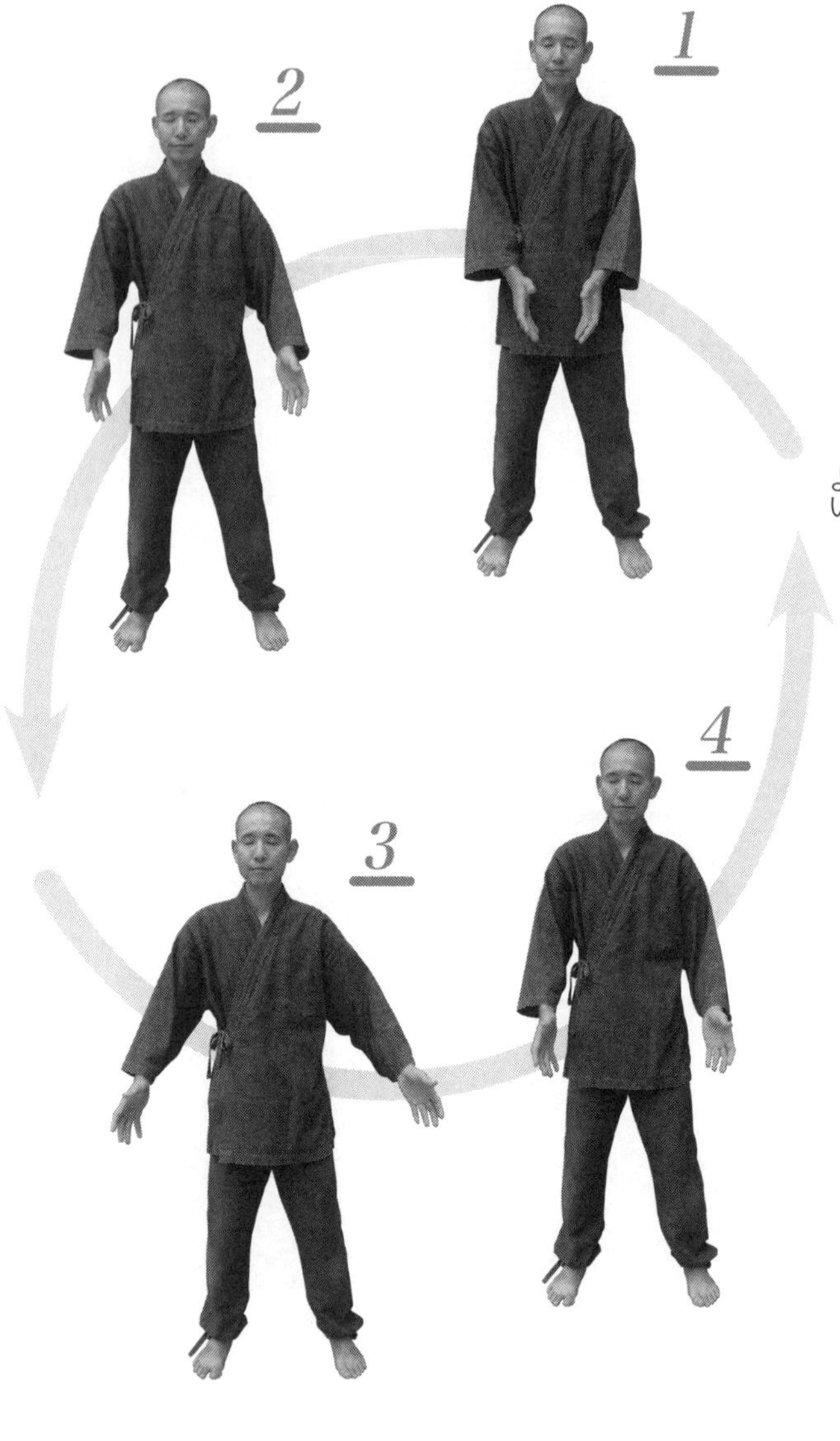

提按試力

肩まで水に浸かっているイメージを持ち、水の浮力を感じつつ両手が肩ぐらいの高さまで上がってくるのに任せる。水面にバレーボールが浮いており、その上に両手を置いて、水の抵抗力を感じつつ丹田の辺りまで沈める（①〜④）。力を抜けばボールは浮くので、再び沈めるのを繰り返す。

呼吸で、目は閉じていても半眼でもどちらでも結構です。

はじめはイメージのみの状態だと思いますが、長年修錬を続けていくとイメージをするだけで腸腰筋、腹横筋等の深層筋と骨盤底筋群の肛門括約筋等、大腿部内側と裏側、膝の裏、下腿部裏側、足裏のアーチまでの筋肉の動きと連動性が感じられるようになります。

なぜ手足を実際には動かさず、イメージのみを用いるのか？　それは表層筋の動きを制限して、深層筋主導の動きができるように鍛錬するためです。意拳の要訣〝形曲力直〟は各関節の伸展と屈曲の中間（ニュートラル）であり、太極拳でいうところの〝伸ばしきらず曲げきらず〟の状態です。これを静止しながらキープし続けることにより、どのように動いても崩れない強靭な身体と、いかなる状況にも動揺しない不動の精神を養ってゆくのです。

瞑想で培った心身が生む無意識の交差法

最後に、参考のために私の体験談を。私が最初に站椿に出会ったのは、今から33年前の15歳の時で、空手道の稽古に励んでいた頃でした。

足幅は肩幅で、膝は自然に緩めて踵は紙が一枚入るくらいに浮かして立ち、両手両腕で大木を抱えるようにして呼吸は自然呼吸、目は半眼にして静止する。

姿勢の要求はたったこれだけでしたが、しばらくすると脚はブルブルと震えだし、肩腕が重く感じて辛くなり、10分間なんとか耐えるという感じで最初は長続きしませんでした。

それから、18歳で進学のために上京して達人・名人を求めていた頃、躾道館《びどうかん》首席師範・小林直樹先生と御縁をいただき、太氣拳の指導をしていただくようになりました。

その後、24歳でインドにて瞑想とヨーガを学び、25歳から本格的に站椿に取り組みはじめ、26歳の時に瞑想、站椿、試力、摩擦歩等を錬功の中心として、第1回世界散打搏撃選手権（1998年）に出場しました。

その結果、試合で怪我をすることなく、それどころか無意識に交差法（カウンター）が出る等、今までできなかった動きができるようになっていました。試合を通じて、「この鍛錬法ならば年を重ねても向上し続けられる」という確信を得て、今に至ります。

無意識の交差法

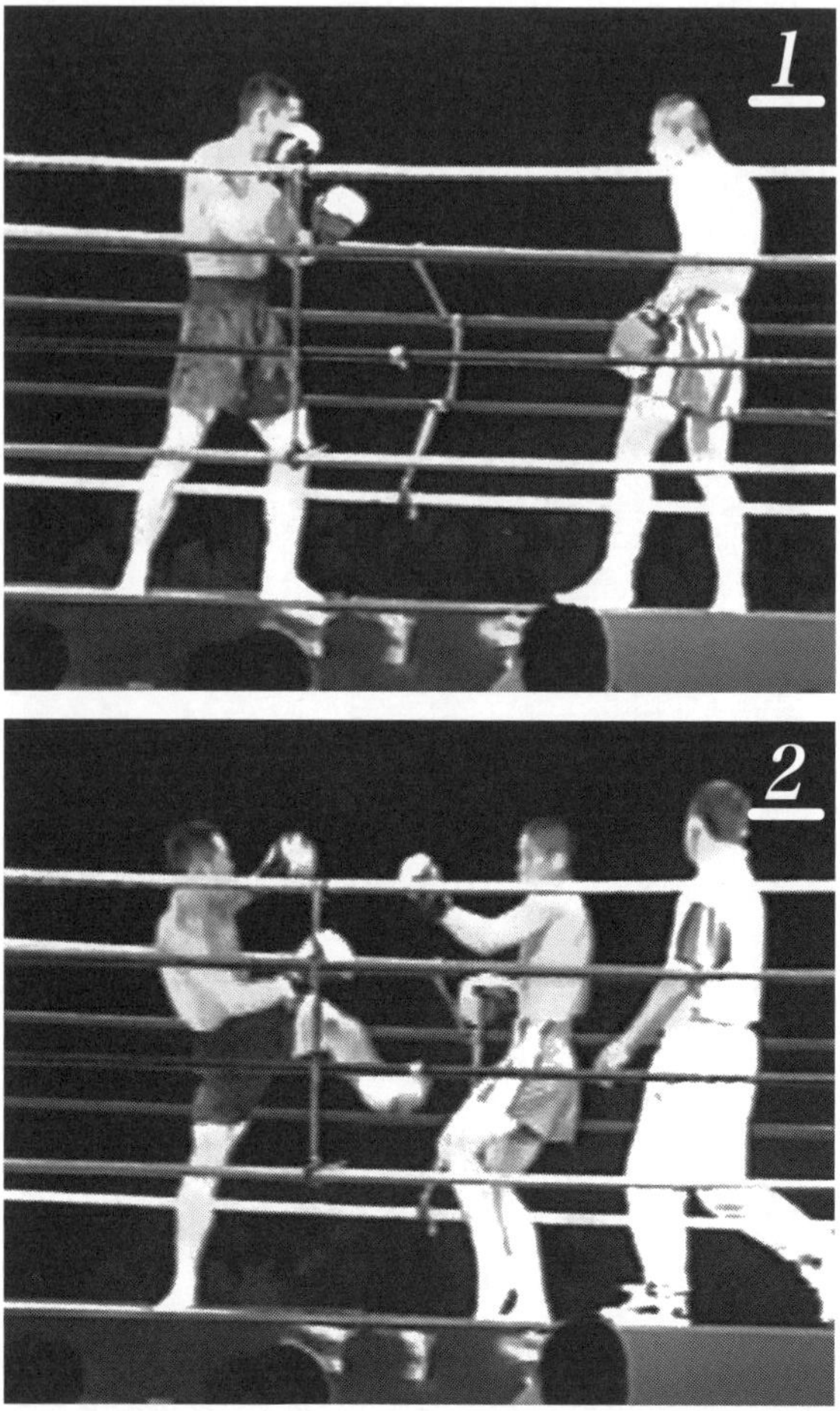

第１回世界散打搏撃選手権における、中国散打界の英雄・楊金強選手（左）との試合。楊選手が側踹（サイドキック）で蹴り込んできた瞬間（①②）、側踹を無意識の交差法で放ち、楊選手を転倒させた（③④）。

3

4

第3章

套路（動禅）・摩擦歩（這）

太極拳は動く瞑想

太極拳の套路（型）と空手の型は動禅とも呼ばれています。また、意拳の摩擦歩、太氣拳の這《はい》、居合の型にも同じことが言えると思います。読者の皆様は、各々が修練されている武道、武術等の稽古において、ご自身の心と身体を内観することができているでしょうか？

站椿（立禅）状態をずっとキープしながら、太極拳の套路を最初から最後まで行うことができれば、達人と言って良いでしょう。意拳の摩擦歩、太氣拳の這も站椿で養った姿勢、感覚、状態をキープしながら、ゆっくりと雪道や泥道を滑らないように蛇行するように前進・後退します。

太極拳的に言うと、意守丹田、氣沈丹田、尾閭中正、収臀提肛、円襠、鬆跨、鬆腰、沈肩墜肘、含胸抜背、虚霊頂頸、立身中正、上虚下実、上顎舌頂、用意不用力、虚実分明、内外相合、動中求静といった要訣を守りながら、第1章のガンプーストレッチでも述べた肩腕、脚膝主導ではなく体幹部（肚脇）主導で上半身と下半身が連動し、全身協調（上下相随）しながら、ゆっくりと途切れないように等速度（連綿不断）で行っていきます。

九十九式太極拳の套路

私は、九十九式太極拳の套路を専門に錬っていますが、まず第一勢「渾元椿《こんげんとう》」〜第二勢「開太極」に至るところを非常に大事にしています。

「渾元椿」は肩幅で踵と爪先をまっすぐに向けて、膝は自然に緩めて高い椅子に腰を掛けており、肘を緩めて脇の間にはボールを挟んでいて落とさないイメージです。大腿部外側の大転子の下に合谷《ごうこく》（手甲側の親指中手骨と人差し指中手骨が交差したところのツボ）をつけて、指先は自然に垂らします。胸と顎の間にもボールを挟んでいて落とさない感じです。これはちょうど、提挿椿の左右大腿部外側に向けた両手掌を内旋させて、合谷のツボを大腿部外側につけた状態です（第2章参照）。

「開太極」は渾元椿の無極から太極に至るところですが、渾元椿の站椿状態を失わないように意を用いて力を用いず、待って、聴いて、感じて、後ろの高い椅子に腰掛けながら手が肩の高さまで上がってくるのに任せます（用意不用力）。ここまでが内包されている掤《ポン》で、次が按《アン》の動作になります。

第一勢「渾元樁」～第二勢「開太極」

渾元樁（①）の站樁状態を失わないようにしながら、用意不用力の要訣に従い、手が自然に肩の高さまで上がってくるのに任せる（②③）。ここまでが掤。手が肩の高さまで上がってきたら、肩を沈めて肘を墜として（沈肩墜肘）手首、手の平、指先までを滑らかに伝達させて胸前で掌打を行う按の形になる（④）。ここから肘が伸びきらないように肚で円を描いていき、再び按の状態に戻る（⑤～⑧）。

1

2

7

8

3

4

5

6

手が肩の高さまで上がってきましたら、肩を沈めて肘を墜として（沈肩墜肘）手首、手の平、指先までを滑らかに伝達させて胸前で掌打を行う形になります。これは、撑抱樁の胸前に向けた両手掌を前方に向けた状態で（第2章参照）、労宮（中指の先端を掌にあてた辺りのツボ）から氣が出るようにします。また実際に相手を打つ際は指先から接触し、指と手の平もくまなく使用して掌根（手根骨）で捉えるようにします。

掤と按の完成形で静止した状態では意拳的には形曲力直、太極拳的には肩、肘、手首に水が一滴溜まる状態になります。

初心者の方は形や順番を覚えるのが精一杯で余裕がないかもしれませんが、肩腕主導ではなく体幹部（肚脇）主導で行えるように、腸腰筋、足底筋膜、内転筋、腹横筋、肛門括約筋、肋間筋、小胸筋、前鋸筋、腰方形筋等の動きを感じながら、行っていただきたいと思います。しかし、なかなか肩腕の力みが消えずに体幹部主導にならない場合、私の教室では「脳からこの動作を行うことは指令が出ています。腕で上げないで、待って、聴いて、感じて、上がってくるのに任せてください」と誘導します。

按の状態から肘が伸びきらないように肚で円を描いていきます。腸骨筋と大腰筋を合わせた左側の腸腰筋～腹横筋の臍のライン↓右側の腸腰筋～腹横筋の縦のライン↓腹横筋の臍のライン↓左側腹横筋の縦のライン↓左右大腰筋の上部（鳩尾から人差し指の末節分だけ左右外側に向かい、肋骨最下部のすぐ下）まで。そして深層筋で円を描いて再び按の状態に戻った時、大腰筋の起始（前側の胸椎12番、腰椎1～5番）から停止（大腿骨の小転子）までバシッと利いている状態になります。ここまでが九十九式太極拳の第一勢～第二勢で、次に第三勢の「上歩《じょうほ》打擠《だせい》」に移行していきます。

「上歩打擠」は按の状態から臍下丹田に意識を置いて、腸腰筋を感じながら右の踵を内に入れ、左手掌を後方に向けていきます。この際に左足に体重を90％以上乗せ、続いて右足に移行し、体幹部主導で右足に左足を寄せて左斜め前方に踵から着地し、弓歩になりながら擠の完成形になります。この時の手の高さは自身の鳩尾の位置で、掌側の左手首に右の掌根を当てます。

この開太極から上歩打擠の移行の際に、しっかりと片足に乗り切るまで待って反対側の足が上がってくるまで待ちます（虚実分明）。足を踏ん張らない、地を蹴らない、力が途切れないように注意し、弓歩への移行で踵から着地する際は薄氷を踏む感じで、小指側に乗らないように足裏のアーチ（土踏まず・足底筋膜）が利いている状態です。

第三勢「上歩打擠」

先の開太極の按の形から（①）、臍下丹田に意識を置いて腸腰筋を感じながら右の踵を内に入れ、左手掌を後方に向けていく。この際に左足に体重を9割以上乗せること（②）。続いて右足に移行し（③）、体幹部主導で右足に左足を寄せ（④）、左斜め前方に踵から着地し（⑤）、弓歩になりながら擠の完成形になる（⑥）。この時の手の高さは自身の鳩尾の位置で、掌側の左手首に右の掌根を当てる。

片足立ちの重要性

太極拳の技から技への移行、摩擦歩（這）もいかに片足立ちで立つことができるかが重要になります。母趾球と小趾球、踵の足裏の三角、五趾の一本一本、足の甲と足首の柔らかさを駆使してバランスを取っているのですが、踏ん張らないで、地球と喧嘩しないで、自分の身体とも喧嘩しないで立てるようにします。

独立歩等の片足立ちになる際、初心者の方はどうしても大腿四頭筋の大腿直筋と外側広筋、大腿部外側の大腿筋膜張筋（腸脛靭帯）が力んでしまい、ブルブルと前後上下左右にブレて踏ん張って立つようになりがちです。耐震構造ではなく免震構造、踏ん張って固めるのではなく、不安定の安定を求めます。腸腰筋が利いてくると、大腿部の内側（内転筋・内側広筋）と裏側（大腿二頭筋・半腱様筋・半膜様筋）が心地よく利いて、下腿から足裏までが繋がります。

完全に片足に乗り切り、地球の中心と繋がることができれば、反対側の足は日本武道でいう浮き身がかかり、居着くことがなく勝手に上がってきます。大事なのは、完全に片足に乗り切るまで待てるかということです。

これについて、深井信悟先生から教えていただいた、楊家太極拳第四代・傅鐘文老師の口伝には「地球にアースするだけ、コンセントを電源に差し込むだけでよい」とあります。足裏のツボでは湧泉（母趾球と小趾球の交差したところ）と、踵と土踏まずの交差したポイントも感じられるようにできると良いでしょう。

ゆっくり動けば速くなる

さて、ここでなぜ太極拳や摩擦歩は遅速で等速度運動を行うのでしょうか？　まずいきなり速く、しかも加速度運動を行ったら、今まで述べてきたことを感じながら動くことはできないと思います。それから、いくら加速度運動でA点からB点まで速い突きや蹴りを放っても、相手に察知されてしまい、当たらなければ意味がありません。

本当に等速度の遅速で動くことができれば、速く動くことも可能になります。ただし、ここでいう速さとは加速度運動の速さではなく、等速度運動の速さで、普通に動いてもスーッと起こりがなく、相手にとっては反応できずにとても速く感じるというものです。

【按の打法】

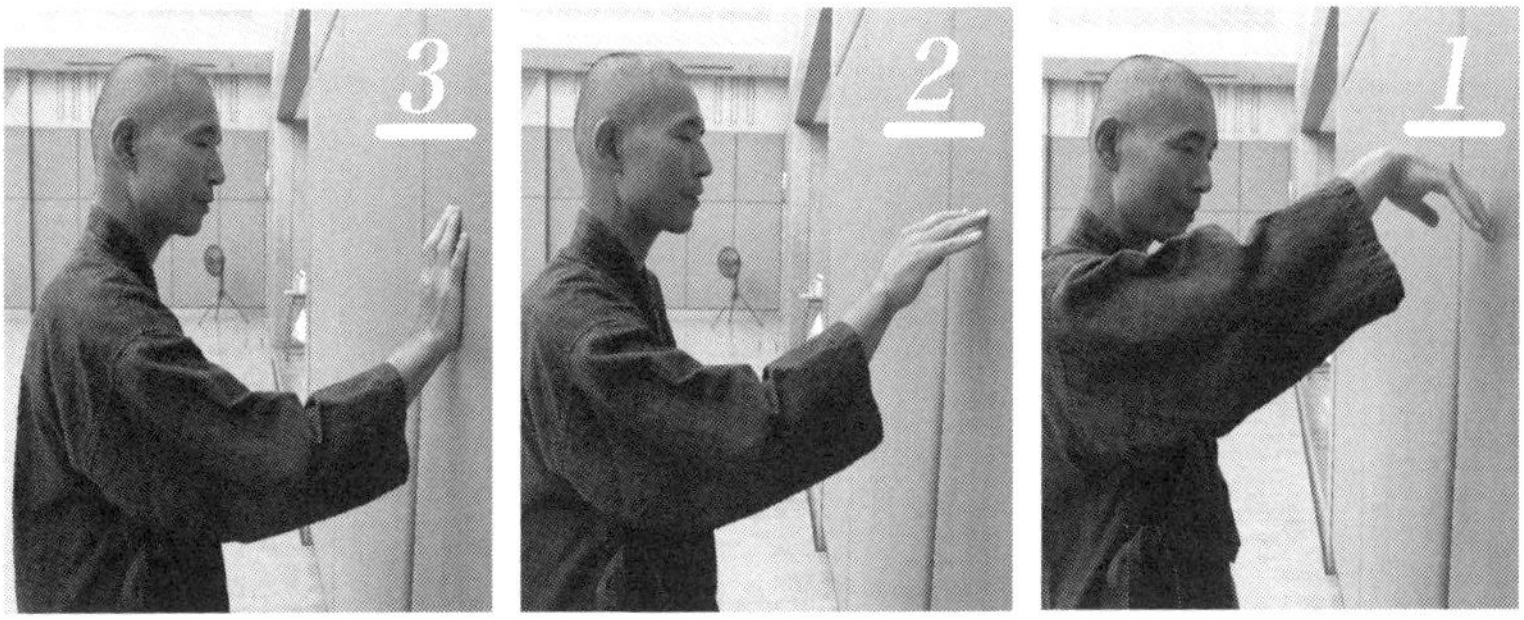

按の形で相手を打つ際は、指先から接触し（①）、指と手の平もくまなく使用して掌根（手根骨）で捉えるようにする（②③）。体幹部主導の動きができるようになれば、加速をつけずとも、このように根幹からの力を手足などの末端を介して伝達するだけで十分な威力が出せる。

実際、体幹部主導の動きができるようになると、肘膝の屈伸を用いないため肩腕、脚膝主導の動きが消えて加速度運動ができなくなりますが、根幹からの力を手足などの末端を介して伝達するだけで十分な威力が出せます。さらに相手の攻撃しようとする起こりも観えるようになります。

私の場合、約30分ほどで九十九式太極拳の全套路を行いますが、しっかりと太極拳の要訣を守れば、最初から最後まで勁力運動を持続しながら行うことになり、内勁を養う素晴らしい鍛錬となります。

摩擦歩も然りです。いつ攻撃されても大丈夫な状態で、後発先至を可能とし、身体のどこからでも力を発することができるように

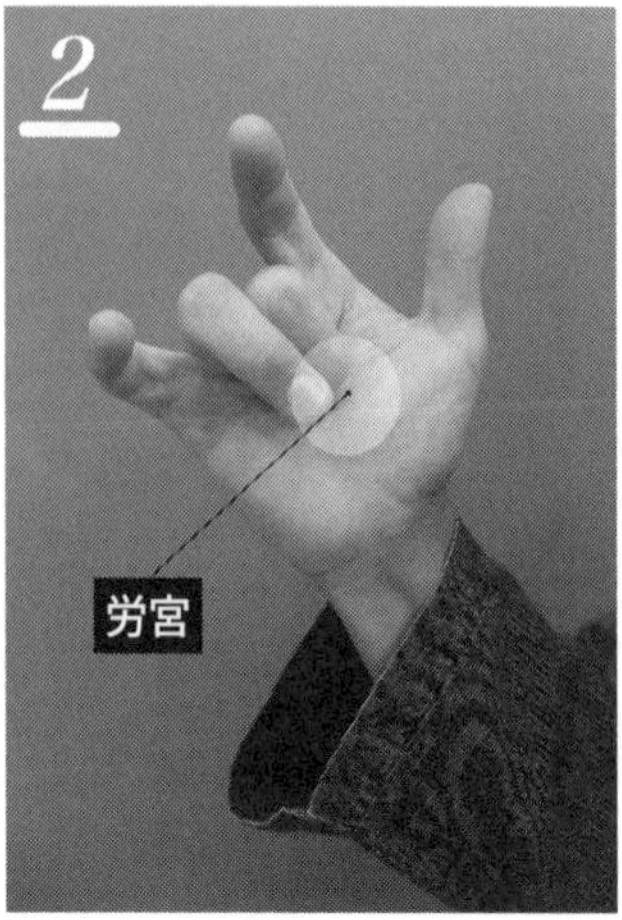

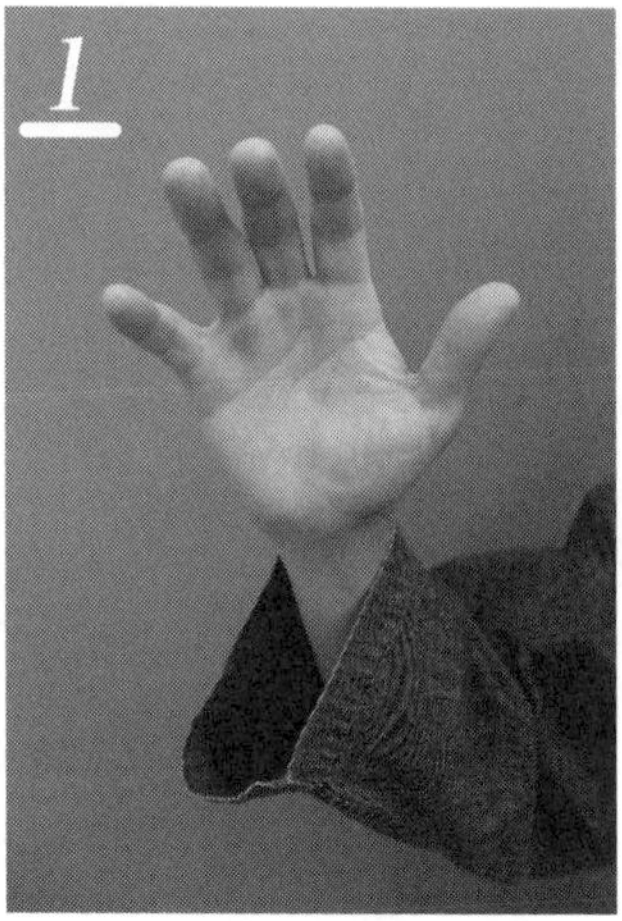

按の形をとる際は労宮のツボから氣が出るようにする。労宮の位置は手を開いた状態から（①）、中指の先端を掌にあてた辺りにある（②）。

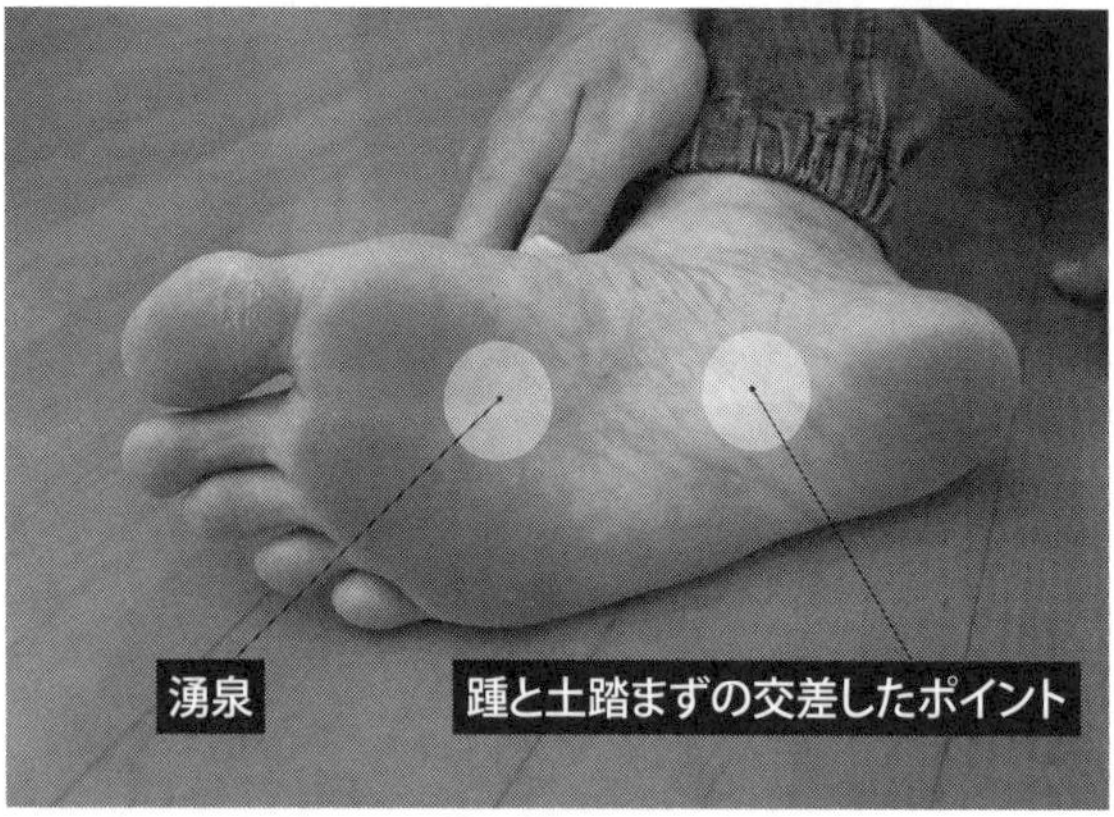

足裏のツボでは湧泉（母趾球と小趾球の交差したところ）と、踵と土踏まずの交差したポイントも感じられるようになるのが望ましい。

なっています。日本でも古来より「肚を錬る」という言葉がありますが、深層筋主導で内面を錬ることにより、肉体の外側のエネルギー体（オーラ）も大きくなり充実していくように感じます。

太極拳の套路も空手の型同様、一つひとつの動作に技としての意味があります。また套路を錬りこんでいくと、相手と対峙した時に自然に身体から湧き上がってくるものを感じられます。九十九式太極拳の実戦用法にご興味のある方は、ＤＶＤ『内なる力で戦う』（ＢＡＢジャパン）をご覧いただくと参考になるかと思います。

摩擦歩

站椿状態をキープしながら歩く、意拳の重要な練功法。橋の欄干に両手を置くイメージで、雪道か泥道を滑らないように、ゆっくり蛇行しながら進む（①〜③）。一歩ごとに片足に乗り切り、後足が浮いてくるまで待つことがポイントだ。その際、腸腰筋で足が引き上げられることを感じながら行う。

這

太気拳の代表的な稽古法の一つであり、基本的には摩擦歩と同質のものだが、体にかかる負荷はより大きくなる。2メートルくらいの相手と対峙していることを想定し、手首が頭のラインに来るように両手を上げ、ゆっくり蛇行しながら進む（①〜③）。両腕は体幹で支え、肚（腸腰筋）で押すように動く。一歩ごとに片足に乗り切る点も摩擦歩と同様だ。

第4章

ヴィパッサナー瞑想（拳禅一如）

GUMPU
METHOD

瞑想で拳禅一如の境地へ

本章のテーマは拳禅一如、世界的ベストセラー『ホモサピエンス全史』『ホモ・デウス』の著者であるユヴァル・ノア・ハラリ氏も毎日2時間、20年以上実践している、ヴィパッサナー瞑想についてです。

拳禅一如といいますと、禅の総本山・河南省嵩山少林寺で禅と拳法を修行する武僧のことが思い浮かびます。

日本では剣禅一如、剣禅一致という沢庵和尚が説いた「不動智神妙録」の一節が由来となる言葉があり、「剣の道の究極の境地は、禅の世界の無念無想と同じである」と解説されています。

剣禅一如といいますと、江戸無血開城の立役者でもある山岡鉄舟が有名で、私が直接教えを受けた天空氣功道開祖の故・越智勝三《おちかつぞう》先生と、小野派一刀流剣術をご指導いただいた大東流合気武道春風館の石橋義久先生も、鉄舟の弟子にあたる大森曹玄先生の高歩院で禅を学ばれました。

ヴィパッサナー瞑想はゴータマ・ブッダが悟りをひらいた際に行った瞑想、または再発見した瞑想法として知られています。

しかし、長い間、インドでは廃れてしまっていましたが、テラワーダ仏教が根付いたビルマ（ミャンマー）でサヤジ・ウ・バ・キン師に学ばれたS・N・ゴエンカ師がインドに逆輸入し、マハーラーシュトラ州北部ナースィク市イガトプリ村にヴィパッサナー国際瞑想アカデミーを設立し、現在はインド以外の国々でも瞑想センターが設立され学ぶことが可能となっています。

インドにビルマからヴィパッサナー瞑想を逆輸入して蘇らせた、S・N・ゴエンカ師。

ちなみに、日本では京都と千葉県茂原市に瞑想センターがあるようです。

私は1996年9～10月にかけて、インドのイガトプリで10日間コースを2回、2003年にオーストラリアで10日間コースを1回、計3回、お世話になりました。

ヴィパッサナー瞑想では、呼吸法やマントラ（真言）、ムドラー（手印）、イメージ（意念）を用いず、ありのままを観察していくのが特徴です。ヴィパッサナー瞑想を学ぶ前に、プーナ近郊ロナワラのカイヴァラヤダーマヨーガ研究所のホスピタルに8日間滞在させていただいて朝夕に学んだハタヨーガでは、アーサナ（ポーズ）を行った後にプラーナーヤーマ（調氣法）を行い、最後にシッダアーサナ（達人坐）になり、チンムドラー（親指と人差し指で輪を作り、残りの三指は自然に伸ばした手印）を作って、オーム（AUM）というマントラ（真言）を唱えながら瞑想を行い終了でした。

ヴィパッサナー瞑想の10日間コースでは、はじめの3日間、鼻から吐いて吸う呼吸を観察するアーナーパーナ瞑想を行います。呼吸法を用いずに、鼻から出入りする呼吸に意識を向けて1日に10時間以上、自己と向き合います。

鼻呼吸を観察するアーナーパーナ瞑想

それでは、アーナーパーナ瞑想を一緒に行ってみましょう。座り方は自由で、できる方は結《けっ》跏趺坐《かふざ》（蓮華座）、半跏趺坐、正座、胡坐（安楽座）でも、椅子に座っていただいても構いません。初心者の方は長時間座ることを前提にした場合、胡坐で行うのが良いかと思います。

アーナーパーナ瞑想

半跏趺坐

胡坐（安楽座）

チンムドラー

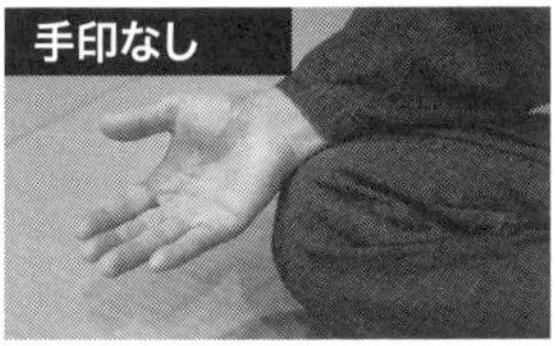
手印なし

ヨガの瞑想は親指と人差し指で輪を作るチンムドラーのように手印を作ることも多いが（上）、アーナーパーナ瞑想では自然に手を開き、手印は作らない（下）。

鼻呼吸を観察

アーナーパーナ瞑想の座り方は半跏趺坐、シッダアーサナ（達人座）など自由だが、著者は主に胡坐（安楽座）で行う。姿勢は站椿や太極拳と同じく、骨盤の上に背骨を通して頭が乗っている立身中正・虚霊頂頸の状態。軽く目を閉じて、鼻から吐いて吸う呼吸を観察する。呼吸の観察に集中しながら、雑念に執着せず、現象そのものをありのままに感じ、観察していく。

シッダアーサナ（達人坐）

姿勢は、背筋をまっすぐにするようにと言われますが、第2章の站椿と第3章の太極拳套路の基本姿勢と同じで、骨盤の上に背骨を通して頭が乗っている状態です（立身中正・虚霊頂頸）。手は両手を自然に組んでも、両膝から手の平を下に向けて自然に垂らしても、両手の平を上に向けていただいても構いません。

　軽く目を閉じて、鼻から吐いて吸う呼吸に意識を向けて観察していきます。鼻から吐く息を鼻孔と上唇の間に温かく、吸う息を冷たく感じることができます。呼吸は自然呼吸で鼻呼吸を行いますので、自然に舌の先端は上顎につくようになります（上顎舌頂）。

【椅子瞑想】

アーナーパーナ瞑想は椅子に座ってもできる。電車の中など、周囲の喧噪や邪気をシャットアウトしたい時は両手を組み（①）、自然の中など周囲の気を取りこみたい時は両手を上に開く（②）。

始めはちょっと長いと感じるかもしれませんが、時間は30分〜1時間くらい座ってみましょう。それだけの時間を座っていると呼吸を観察することに集中できなくなったり、様々な思考や感情が湧いてきて、身体にも変化が表れてくると思います。

呼吸の観察ができなくなっていると気付いたら、呼吸を観察することに再び戻るようにし、雑念が浮かんできても無理に無になろうとせずに、心に浮かんできたことを客観的に観察して執着しないようにします。

足の痺れ、膝の痛み、背中の痒み等、身体にも様々な現象が起きてきますが、呼吸の観察に集中しながら、現象そのものをありのままに感じ、観察していきます。

全身を細かく観察するヴィパッサナー瞑想

ヴィパッサナー瞑想の10日間コースでは、まず集中して呼吸の観察がしっかりできるようになってから、4日目以降に次のステップの瞑想を行います。ヴィパッサナー瞑想では、アーナーパーナ瞑想で養った集中力を活かして頭頂部から足先までをくまなく観察していきます。

ヴィパッサナー瞑想

ヴィパッサナー瞑想では、アーナーパーナ瞑想で養った集中力を活かし、頭頂部から足先までをくまなく、ありのままに観察していく。また、この後行う慈悲の瞑想（メッターバーヴァナー）は、外見はヴィパッサナー瞑想と同じだが、細かい部分にとどまらず、頭頂部から足先まで流すようにしながら観察していくようにする。

まずは、頭頂部からです。頭頂部に意識を向けて感じるままに観察していきます。次に額、眉間、眉、眼、耳、鼻、頬、口（唇、口腔）、顎、首の前面、肩、上腕、肘、前腕、手首、手、胸、腹、泌尿器、大腿部前面、膝、下腿部前面、足首、足の甲、足指。頭頂部から身体の前面を通って足先まできましたら、今度は足裏から身体の後面を通って後頭部まで観察していきます。

足裏、踵、アキレス腱、下腿部後面、膝裏、大腿部後面、お尻、腰、背中、首の後面、後頭部、側頭部、頭頂部まで戻ってきます。

頭頂部まで戻ってきた際に、まだ時間に余裕がありましたら、何度も繰り返し行い、さらに細かく観察できるようでしたら、上腕骨、尺骨、橈骨、手根骨、中手骨、指骨、鎖骨、胸骨、肋骨、腸骨、大腿骨、膝蓋骨、脛骨、腓骨、足根骨、中足骨、趾骨、尾骨、仙骨、腰椎、胸椎、肩甲骨、頚椎といった骨も含めて順々に観察していきます。

慈悲の瞑想は流して観察

ヴィパッサナー瞑想の10日間コースの7日目以降は、慈悲の瞑想（メッターバーヴァナー）を行うようになります。ヴィパッサナー瞑想では頭頂部から足先まで、足先から頭頂部まで細かく部分にとどまって観察してきましたが、慈悲の瞑想では部分にとどまらず、頭頂部から足先まで流すようにしながら観察していきます。足先まできましたら、頭頂部まで観察しながら戻っていきます。瞑想を行う時間内で何度も繰り返します。ここまでが、ヴィパッサナー瞑想の10日間コースで行う内容です。

真剣にヴィパッサナー瞑想を実践してみたい方は、ヴィパッサナー瞑想の10日間コースに参加されることをおすすめします。

瞑想三昧の日々を送ったインド5ケ月の旅

それでは最後に私の体験談を。24歳の時に初めてヴィパッサナー瞑想の10日間コースに参加させていただいた際、半跏趺坐で瞑想を行ったのですが、18歳の時に左膝半月板を損傷した古傷のため、30分を過ぎると膝が痛んで、後半は膝の痛みに耐えるという感じで思うように座ることができませんでした。

心に浮かんでくることは9割以上、武道・武術、格闘技のことでした。一度、武道・武術を捨ててインドに入国したのですが、無事に日本へ帰国した際は徹底的に武道・武術に取り組もうと決意したことを思い出します。

約1週間後にS・N・ゴエンカ師と一緒に瞑想を行うことができるという情報を得て、再度、10日間コースに参加することを決意。1週間の合間を利用して世界遺産エローラとアジャンターの石窟寺院を訪れて、石窟寺院で修行をされた先人たちに思いを馳せ、どのように座れば上手く座れるのか？と仏像を観察しながら巡りました。

二度目は胡坐で座ることにし、私の英語力では聞き逃してしまっていた部分を日本語のテープをお借りして補うことにより、10日間の後半には心臓の鼓動を感じることができ、下腹部にはズシーンと岩のような感覚が得られ、痛み、痒み、痺れ等の現象が起きても観察を行っているとしばらくしてはフッと消え、また次の現象が起きてくるという諸行無常を体感しながら客観的に観察することができるようになりました。

その後、約5ヶ月間のインドでの旅を続けている間も毎日瞑想を行うことを日課とし、列車で移動する際も、食事の時や、隣の座席の乗客から「Where are you from?」と話しかけられたりしない限りはとにかく瞑想するという、まさに瞑想三昧の日々を送りました。

そして、帰国してから站椿功を本格的に行うことになるのですが、ヴィパッサナー瞑想を実践してきた経験が大変役立ちました。

三度目はオーストラリアで約7年ぶりに10日間コースに参加したのですが、コース後半の休憩中に散歩を行っていた際、ピースフルな空気が幸いしてか、カンガルーの親子が私のすぐそばまで近づいてきたことを思い出します。

歴代のプロボクシング世界チャンピオンが、世界タイトルマッチの前にキャンプした西伊豆の海岸で瞑想を行う著者（写真提供◎田中誠一）。

現在、私は站椿を行う際、まず第2章で紹介したように意念を用い、さらに慈悲の瞑想、太極拳の要訣確認とヨーガの七つのチャクラを感じるようにしています。

第5章

武医同術

GUMPU
METHOD

武医同術＝活殺自在

本章のテーマは「武医同術」です。本書の読者には整体や鍼灸などの施術に関わっている方々も少なくないと思います。また、施術家の中でもゴッドハンドと呼ばれるような先生方は、武道・武術を実践されていることも多いようです。

私事で恐縮ですが、高校卒業後に静岡県富士宮市から上京して花田学園日本柔道整復専門学校に入学し、解剖学・生理学・病理学・衛生学・柔道整復理論・骨折理論・骨折実技・脱臼理論・脱臼実技・柔道等の講義を午前中に受け、午後は接骨院でインターンをし、夜は武道・武術の稽古を行うという生活を1年ほど経験した後、さらなる手技の習得を目指して日本武道医学二代目のサイード・パリッシュ・サーバッジュー先生から週1回のペースで約2年間、カイロプラクティックのディバーシファイドとＳＯＴ（仙骨後頭骨テクニック）の実技を指導していただきました。

パリッシュ先生からほとんどマンツーマンで教えていただきましたが、ペアで行う際は日本でのゾーンセラピーの先駆者で、多くの著書がある五十嵐康彦先生とペアになって技術の習得に勤しんだことを思い出します。

パリッシュ先生が道統を継承された日本武道医学の創始者・中山清先生は、柔道整復の世界でも大変な業績を残された方ですが、明治までにいくつかの柔術流派の免許皆伝者、または相伝者のみに伝承されてきた伝統の医術が失われていくことを憂えて武医同術を掲げ、日本武道医学として後世に残そうとされました。

活殺自在といわれるように、柔術の技で肩関節を脱臼させる方法の反対方向に整復を行うことにより、脱臼した上腕骨頭が肩甲骨の関節窩に収まります。パリッシュ先生から教えていただいた骨格矯正の技術も、各関節のあそびをとってから最小限の力で矯正を行いますが、私が2016年頃からご指導いただいている倉部至誠堂第二代宗師の合気柔術逆手道の柔術技も、各関節のあそびをとってから必要最小限の力で技を極めます。

中国&インド武術のツボ

中国武術にも点穴法という、経穴（ツボ）に指を立てて鋭く刺激し相手を動けなくする、またはピンポイントで急所を強打して致命傷を与えるといった技法があります。

私が躾道館首席師範・小林直樹先生から学んだ嫡流真伝《ちゃくりゅうしんでん》中国正派拳法（使用法）では、相手の攻撃を体捌きでかわしながらピンポイントで急所攻撃を行うことで、交差法の理合いと正確性を身に付けていきます。その技の名称には、創始者の櫻公路《さくらこうじ》一顱《かずたか》先生が日本武道と中国武術の融合を目指された影響で、電光、雁下《がんか》等、中国語ではなく日本語の急所名が採用されています。

また、経穴を指の腹で気持ちいい、痛気持ちいいくらいのちょうどよい加減で押圧をすれば、心と身体によい効果が得られます。中国や日本には針灸があり、経穴を刺激して経絡に働きかけて治療を行います。

南インドのケーララ州に伝わる武術、カラリパヤットのグルカル（師範）は、人体のツボを刺激するマルマン医療と、ウルチルというオイルマッサージを中心とした伝統医療の継承者でもあります。

動くヨーガともいわれるカラリパヤットには数多くの流派があり、私は１９９６年12月から約1ヶ月間ケーララ州に滞在し、カラリパヤットの道場を訪問して交流をさせていただいたのですが、それまで約10年間空手道を修錬していたお蔭で、現地の空手家たちにも色々とよくしていただき、「芸は身を助く」という言葉を実感致しました。

インド伝統武術カラリパヤットの発祥地ケーララ州カサラゴッドにて。クマール三兄弟＆彼らの母親と著者（①）。三兄弟長男のマノジ氏（右）はカラリパヤットのグルカル（師範）であり、三男のプロモード氏（左）はカルナータカ州のアマチュアボクシングの元代表選手（②）。マノジ氏を相手に上段足刀（③）と嫡流真伝中国正派拳法「折臂人中」（④）を実演する著者。

インドのケーララ州カサラゴッドにて、カラリパヤットの伝承者であるクマール三兄弟に太氣拳を指導する著者 。蹴りを放っているのは長男のマノジ氏。

チベット亡命政府がある、インドのダラムサラにて（2000年撮影）。一番右は、後に日本人で唯一のチベット医になられた小川康氏（医学大学入学前）。

クマール三兄弟の父（左）との会食。彼はカラリパヤットの世界におけるマイク・タイソンとも呼ぶべき伝説的なグルカルで武術医でもあったという。

最初に訪れたカサラゴッドのクマール三兄弟の長男、マノジ・クマール氏はカラリトリートメントを生業としながら、多くの弟子に伝統派空手を指導していました。クマール兄弟にカラリパヤットの演武を見せていただいた後、彼らに懇願されて3日間滞在して空手の指導を行い、沖縄剛柔流（比嘉世幸《ひがせこう》伝）の三戦《サンチン》と転掌の型を伝えさせていただきました。

私の最初の師である井上元勝先生が、第二次世界大戦後の沖縄で平信賢先生より琉球古武道を学ばれた際に、比嘉世幸先生の道場をお借りして稽古をされたそうです。その折に比嘉先生から三戦と転掌を教えていただいたとお聞きしています。

3年後、クマール兄弟よりまた空手を指導してほしいと招聘され、今度は約1ヶ月間カサラゴッドに滞在させていただきました。その際、カラリトリートメントのウルチルをマノジ氏に施術していただき、患者さんへの施術も見学させていただきました。

ワダッカン（北派）のカラリパヤットの稽古体系は厳しく定められていて、基礎鍛錬から18の型（メイパヤット）を行い、その後、武器術から徒手格闘術へと進み、さらに奥伝としてツボ療法と瞑想が伝授され、このツボ療法をマスターしたものがグルカルになることができるそうです。

大事なのは柔らかさ

さて、このあたりで本題に入っていきたいと思います。太氣拳宗師・澤井健一先生は手首の柔らかさの重要性を説いていましたが、私が修練しています太極拳と合気柔術逆手道、そして手技を用いて施術する際も、手首の柔らかさ、掌と指先のしなやかさはとても重要だと感じています。

澤井先生は手を昆虫の触角にたとえ、「組手の際は手に任せなさい」とおっしゃったそうですが、太極拳には相手と接触している部位から皮膚、筋膜、筋肉、骨を通して情報を読み取る聴勁、相手とぶつからずに無力化する化勁、力を発する発勁があります。さらに発勁は3センチほどの距離から発する寸勁、距離のないところから発する分勁、深部まで力を浸透させる浸透勁等に分類できます。

施術の際にも聴勁、化勁、分勁、浸透勁を応用し、掌や指先で接触している部位の状態（筋肉の硬軟と左右差、頚椎の歪み等）を感じ取り、硬いところとぶつからず、接触している表層から手技にて深部まで浸透させて柔らかくし、左右のバランスを整えて身体の歪みを是正していきます。最小限の圧で深部まで浸透させるには、武道・武術と同様で姿勢、立ち位置、座り位置、それから、中丹田（ヨーガのアナーハタチャクラに対応）の開発も重要となります。

まずポイントとなるのは、肩甲骨周りの深層筋ともいわれる棘上筋《きょくじょうきん》、棘下筋《きょくかきん》、小円筋、肩甲下筋から構成されるローテーターカフ（回旋筋腱板）。次に僧帽筋の深部にあり、第6頸椎から第4胸椎の棘突起から起こり、外下方に斜走し肩甲骨の内側縁に付着する菱形筋《りょうけいきん》。

それから胸郭の柔らかさも重要で、胸の中心の胸骨と肋骨から構成される胸肋関節（肋軟骨も含む）、胸椎と肋骨から構成される肋椎関節《ろくついかんせつ》、胸骨と鎖骨で構成される胸鎖関節、肩甲骨の肩峰と鎖骨の肩峰端で構成される肩鎖関節、肋間筋（外肋間筋と内肋間筋）も意識して身体操作ができるようになると、体幹部主導（肚脇主導）で錬った下丹田（狭義の意味では臍下丹田。広義の意味では、前側は肋骨の最下端から股関節辺りまで、後側は腸骨稜まで）から足裏までの力を、掌や指先までスムーズに伝達することが可能になります。

また、肩腕手や指先に余分な力が入っていると接触した部位から情報を読み取れず、無駄なく最小限の力で深部まで浸透させることができません。打撃や関節技等においても同様で、余分な力が入っている状態は、車の運転にたとえるとブレーキとアクセルを同時に踏んでいる状態です。

感度を上げて瞑想で治す

ここで施術はもちろん、武道・武術にも大いに役立つ、掌と指先の感度を上げる対人稽古と、瞑想による肩こり治療を紹介します。

①まずは、相手に後ろ向きで立位もしくは座位になってリラックスしてもらう。こちらは相手の両肩（僧帽筋上部）に両手を置いて、軽く目を閉じてリラックスする。両掌に意識を向けて、接触している部位から感じるままに任せる。接触している部位から掌を通して相手の呼吸を感じることができるはず。もし感じることができなければ、もう一度、肩腕手の力を抜いてみる。

これは第2章で紹介した意拳養生樁「扶按樁」で立ちながら、相手の両肩に両手を置いている状態（本来の扶按樁の手は腰の高さ）。

②相手の両肩に両手を置いたまま、扶按樁の意念（水面に浮いている板の上に両手を置いていて、板を押したり戻したりして水の抵抗力、浮力を感じるようにする）を行う。

掌と指先の感度を上げる対人稽古

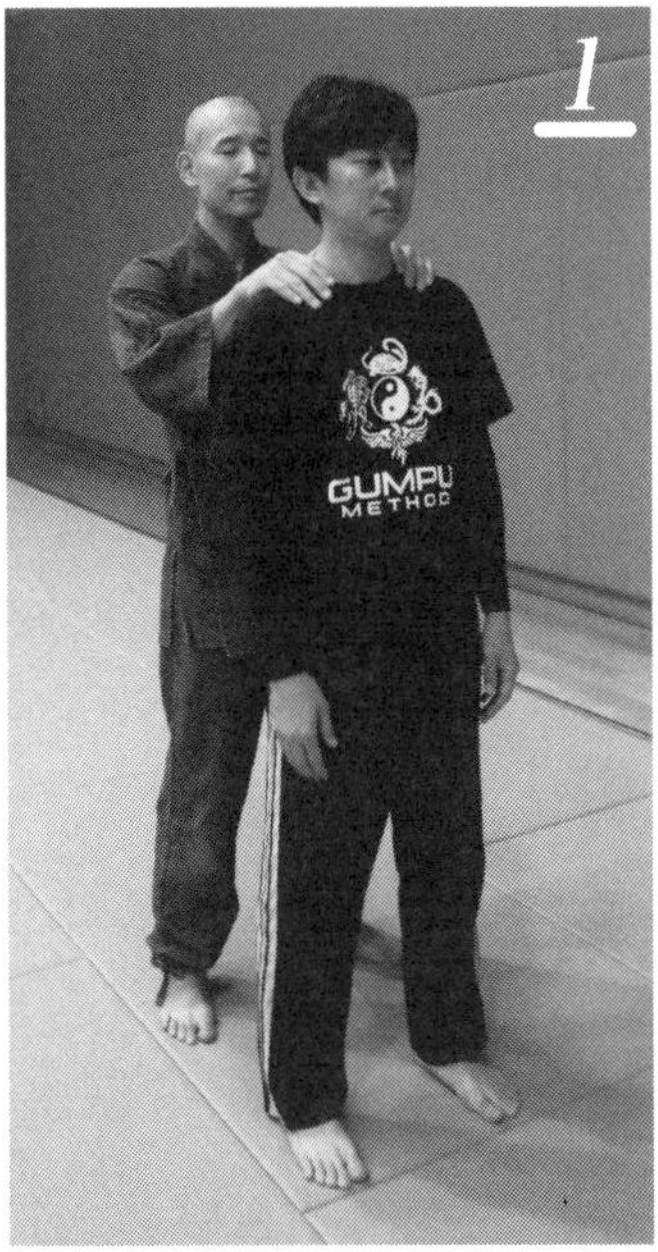

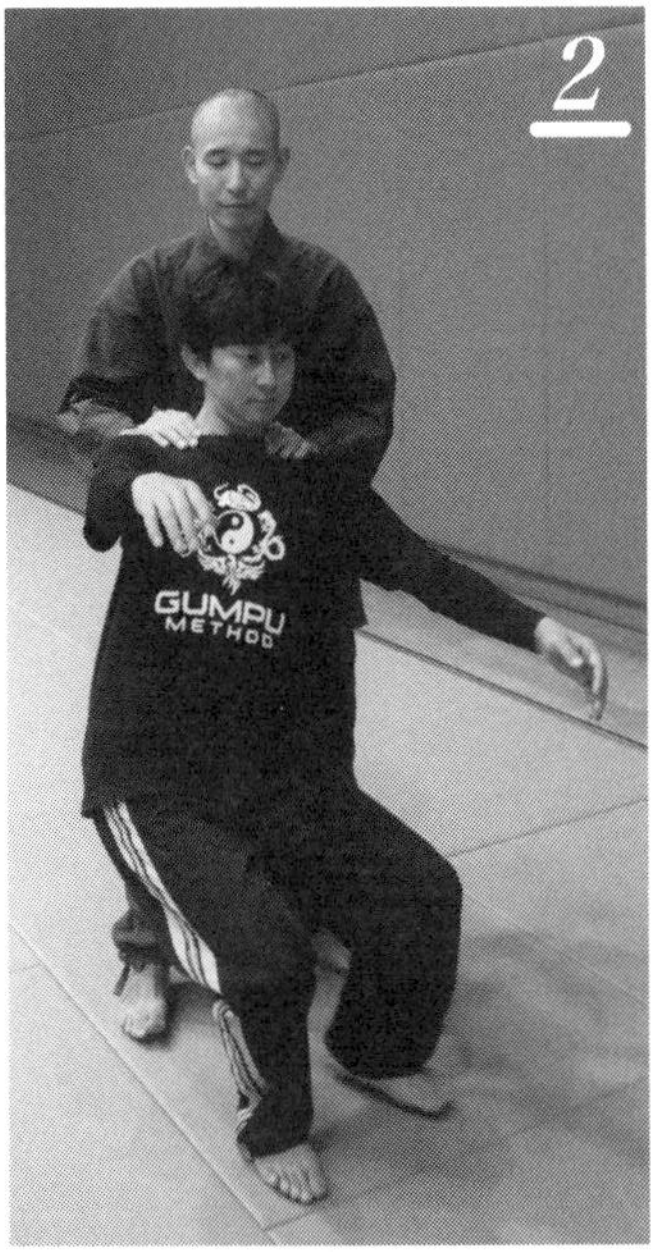

①まず相手に後ろ向きで立位（もしくは座位）になってリラックスしてもらう。こちらは相手の両肩（僧帽筋上部）に両手を置いて、軽く目を閉じてリラックスする（①）。両掌に意識を向けて、接触している部位から感じるままに任せる。これは扶按椿で立ちながら、相手の両肩に両手を置いている状態となる。接触している部位から掌を通して相手の呼吸を感じることができたら、扶按椿の意念（水面に浮いている板の上に両手を置いていて、板を押したり戻したりして水の抵抗力、浮力を感じる）を行う。意念が上手くでき、体幹部主導で全身が協調していれば、板を下に押さえるようイメージすることで相手が下に崩れていく（②③）。

扶按椿

第2章でも紹介した意拳養生椿の一つ。本来、扶按椿の手は腰の高さとなるが、ここでは肩の高さにして行っている。意念の使い方は共通で、外見上はほぼ不動である。

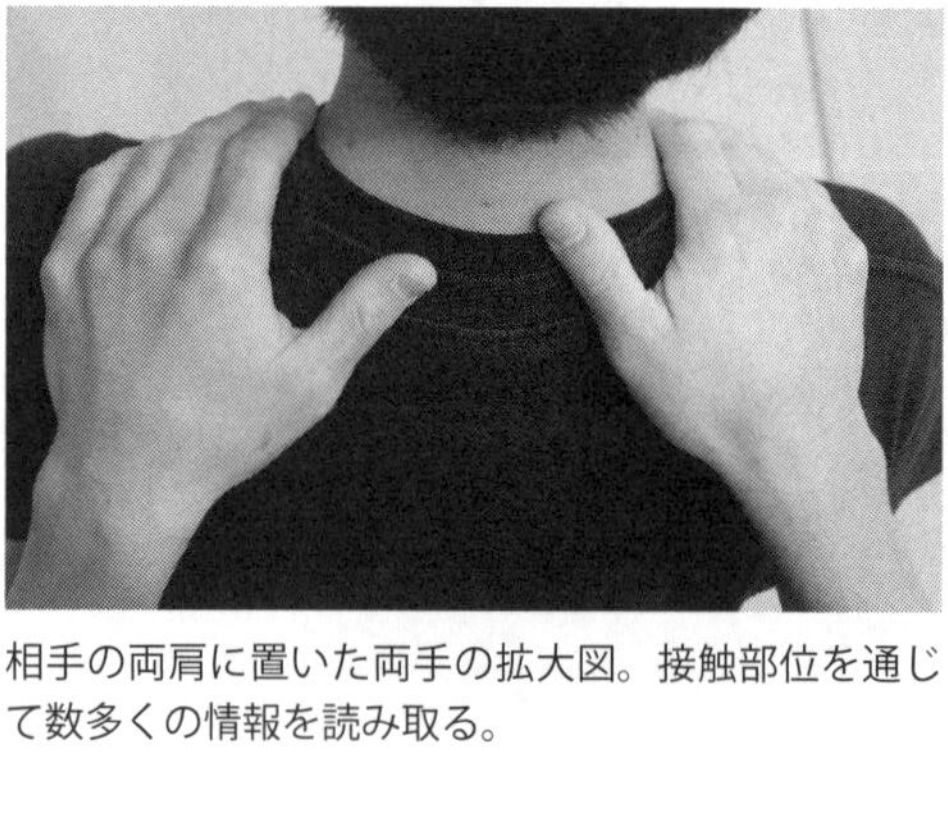

相手の両肩に置いた両手の拡大図。接触部位を通じて数多くの情報を読み取る。

肩腕手で両肩を押してしまうと相手とぶつかってしまいますが、意念が上手くでき、体幹部主導で全身が協調していれば、板を下に押さえるようイメージすることで相手が下に崩れていく。

瞑想で治す

自らが瞑想（站椿）状態に入り、相手とも呼吸が同調していくにつれ、相手の筋肉の硬さが溶けるように緩んでいく。写真では首の筋肉のこりを緩めると共に、頚椎の歪みを整えているが、肩や脚など全身のどこでも施術は可能。いわゆる手当て療法などの原理も、こういった瞑想と同調によるものだと考えられる。

施術の際は聴勁をはじめ、各種の勁を応用して接触部位の状態を感じ取る。最小限の圧で深部まで浸透させるには、武道・武術と同様で姿勢、立ち位置、座り位置、さらには中丹田の開発も重要だ。

③相手の両肩に置いている両手から僧帽筋上部の硬さ（肩こり）を感じるようなら、軽く目を閉じてリラックスし、相手の呼吸と僧帽筋上部にも意識を向け、触れている掌からそれらを感じるようにする。

こちらが瞑想（站椿）状態に入り、相手とも呼吸が同調していくにつれ、相手の僧帽筋上部の硬さが溶けるようにフーッと緩んでいくのを感じることができるはず。

第6章

医食同源

GUMPU
METHOD

瞑想と「食」の深い関係

本章のテーマは「医食同源」です。医食同源という言葉自体は、「生薬と食物はその源が同じ」という古くからある中国の薬食同源思想を臨床医・新居裕久先生が1972年に日本で紹介した際、薬では化学薬品（西洋薬）と誤解されるので薬を医に代えて造語された言葉で、後に発想の元になった中国へも逆輸入されています。

医食同源という言葉が造語された時代背景として、1972年は日中国交正常化された年だというのも関係があるかもしれません。

私がヨーガを学んだインドのカイヴァラヤダーマ・ヨーガ研究所のホスピタル、ヴィパッサナー瞑想を学んだ瞑想センター、氷河が溶けてガンジス川となる源流地のガンゴートリー＆ゴームクに向かう際に拠点としたヨーガの聖地・リシケーシュ、生誕祭の時に1週間、セヴァ（ボランティアスタッフ）50人以上に護身術を指導させていただいたサティア・サイババのアシュラム（道場）等、ヨーガや瞑想を集中的に行い、学ぶことができる地では食事に肉、魚、卵が出されることはなく、菜食の料理が出されます。

第4章でご紹介させていただいたヴィパッサナー瞑想を瞑想センターにて学ぶ際には、仏教の五戒、①「不殺生戒（生き物を故意に殺してはならない）」、②「不偸盗戒（他人の物を盗んではいけない）」、③「不邪淫戒（不道徳な性行為を行ってはならない）」、④「不妄語戒（嘘をついてはいけない）」、⑤「不飲酒戒（酒類を飲んではならない）」を遵守するように致します。ヨーガにも五つのヤマ（禁戒）があり、特に「アヒンサー（非暴力：他を傷つけぬこと、無駄な殺生をせぬこと）」は一番重要とされていて、瞑想やヨーガを本格的に実践する場合、肉食を避けることが望ましく、修練が深まっていくにつれて、体が動物性の食物を受けつけなくなっていきます。

仏教とヨーガの発祥地・インドのベジタリアンは、基本的に乳製品はOKのラクトベジタリアンです。少林武術の聖地で禅の総本山・中国河南省嵩山少林寺、曹洞宗（禅）の総本山・永平寺、真言宗（密教）の総本山・高野山金剛峯寺等でも、僧侶の方々は精進料理を食しながら修行をされています。

発芽玄米のススメ

食という字は「人を良くする」と書きます。まずは我々日本人の主食の米についてですが、読者の皆様は普段、白米と玄米、どちらを常食されているでしょうか？　私は無農薬玄米または有機玄米を24時間、水に浸けて発芽させてから圧力鍋で炊いて、じっくりと蒸らしてから食べています。

玄米を白米に精米する際に分けられる糠《ぬか》には、疲労回復を促し、動脈硬化を予防するビタミンや丈夫な身体を作るミネラルが多く含まれ、腸内環境を綺麗にする食物繊維が豊富に含まれています。さらに玄米を発芽させることにより、抑制系の神経伝達物質として興奮を沈めてリラックスを促進するＧＡＢＡ（ガンマ―アミノ酪酸）が3倍ほどになり、玄米が持つ毒素であるアブジシン酸を無毒化することが可能となります。

発芽玄米にして圧力鍋で炊いた御飯を一度食べていただけば、一般的な玄米は硬くバサバサしていて美味しくないという印象から、モチモチしていて美味しいという認識に変わるのではないかと思います。

発芽玄米のススメ

著者愛用の圧力鍋。これで発芽玄米を炊き、じっくり蒸らす。

無農薬玄米または有機玄米を 24 時間(冬はさらに時間を要する)、水に浸けて発芽させる。

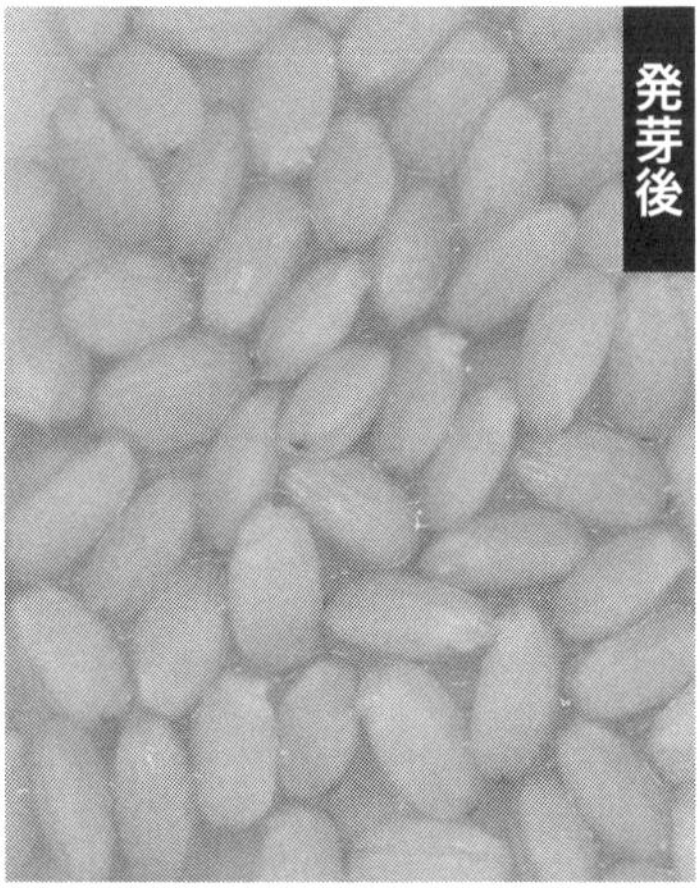

右は発芽前、左は発芽後の玄米。発芽させることによって、味も栄養価も大きく変化する。

あと、安心・安全という観点からも、籾殻を取り除いただけの玄米を選ぶ際は、農薬を使用して栽培したものではなく無農薬玄米をおすすめします。やはり無農薬と減農薬では味と食感にも違いがあり、私は農薬を使用したものでは食べられなかったことがあります。

ちょっと私の体験談になりますが、私は24歳で精神修養のためにインドに行った時からラクトベジタリアンになり、２００４年頃から動物性食品を一切摂取しないヴィーガンになりましたが、玄米ではなく白米を食べた時には力が入らないという経験をしたことがあります。まさに文字通り、「米」に健康の「康」と書いて「糠」、「白」と書いて「粕《かす》」ということを身をもって実感致しました。

効果的な調味料の選び方

次は、調味料の塩、味噌、醤油等についてです。まず塩は、ミネラル分を取り除かれた塩化ナトリウムが99・5％以上の精製塩（食塩）ではなく、昔ながらの製法で作られたマグネシウム、カリウム、カルシウムといったミネラルが豊富な天然塩（自然塩）をおすすめします。天然塩（自

味噌汁を作る際に使うのは、保存料等が入っていない無添加の有機味噌だ。

主にさとうきび等の糖蜜の酵母から作られる、ニュートリショナルイースト。

然塩）には天日干しで作る天日塩、天日干しの途中から平釜で煮詰める平釜塩、岩塩、湖塩があります。

自ら包丁を持ち、調理を行う著者。本書で紹介した食事法を実践するには、外食ではほぼ不可能なので、やはり自炊が必須となる。

次に発酵食品でもある味噌と醤油についてですが、保存料（安息香酸ナトリウム）、調味料（アミノ酸等）と表記されるグルタミン酸ナトリウム、甘味料（甘草、ステビア、果糖ブドウ糖液糖、サッカリン）、カラメル色素等を添加していないものが良いでしょう。味噌は大豆、米、麦等の穀物に塩と麹を加えて発酵させたもの、醤油は脱脂加工大豆、アルコール（酒精）を使用していない天然醸造または本醸造のものをおすすめします。

あと甘味を必要とする場合は、精製塩と同じくミネラル分が取り除かれた中毒性のある白砂糖は避け、黒砂糖、甜菜糖、きび糖、メープルシロップ等にしていただきたいところです。

「医食同源」を実践する食事メニュー

それでは、ここからは私が普段どのような食事をしているかご紹介させていただきます。私はヴィーガンなので、肉、魚、卵、乳製品といった動物性食品を一切摂取せず、「プラントベースでホールフード」の果物、野菜、根菜類、海藻、未精製の穀類、豆類、ナッツ類、種子類、キノコ類等をまるごといただくナチュラルハイジーンを実践しています。

中国の薬膳やマクロヴィオティックでも提唱されている「一物全体」という言葉にあるように、野菜の皮をむかずに大根の葉も捨てずにまるごといただきます。

果物・野菜の皮や、皮と実の間には栄養が豊富です。抗酸化作用により、あらゆる病気の原因とされる活性酸素を取り除いてくれる、第7の栄養素「ファイトケミカル」は主に皮や種などに多く含まれています。

まるごといただくには、無農薬の果物、野菜を選ぶことが理想的です。特に無農薬の果物は希少で高価なので手に入りにくく、重曹等を使用して洗う必要もあります。

また常に精神的、肉体的にもよりよい状態をキープするために酒、たばこ、カフェイン、精製された油脂類、白砂糖、食塩等も摂取しません。

まずは朝食ですが、朝は果物のみで季節に応じて旬の果物をいただきます。今の時期でしたら、みかん1～2個または

日本のナチュラルハイジーンの第一人者、松田麻美子先生とのツーショット。

2003年に1ヶ月間、オーストラリアのチベット仏教寺院 チェンレジッグのベジタリアンカフェでWWOOF(Willing Workers On Organic Farms)をしていた際、著者が寝起きしたTara Hut（小屋）。

柿1個にりんご1個といったところです。

懇意にしている愛媛の柑橘農家と青森のリンゴ農家の方々から、11月〜5月までは柑橘とリンゴを直送していただけるのですが、それ以降はキウイ、いちご、プラム、ネクタリン、ぶどう、桃等を、夏になりましたら梨、スイカ、メロンをいただきます。他にも熱帯の果物なので普段は食べませんが、真夏にはシュガースポット（茶色い斑点）が出ているバナナを食べることもあります。

「朝のフルーツは金、昼は銀、夜は銅」「1日にリンゴ1個で医者いらず」

季節の食材

野菜と果物は皮や葉も捨てず、まるごと食べる。そのため、無農薬の旬の食材（これらの写真は秋〜冬）を摂るのがベストである。

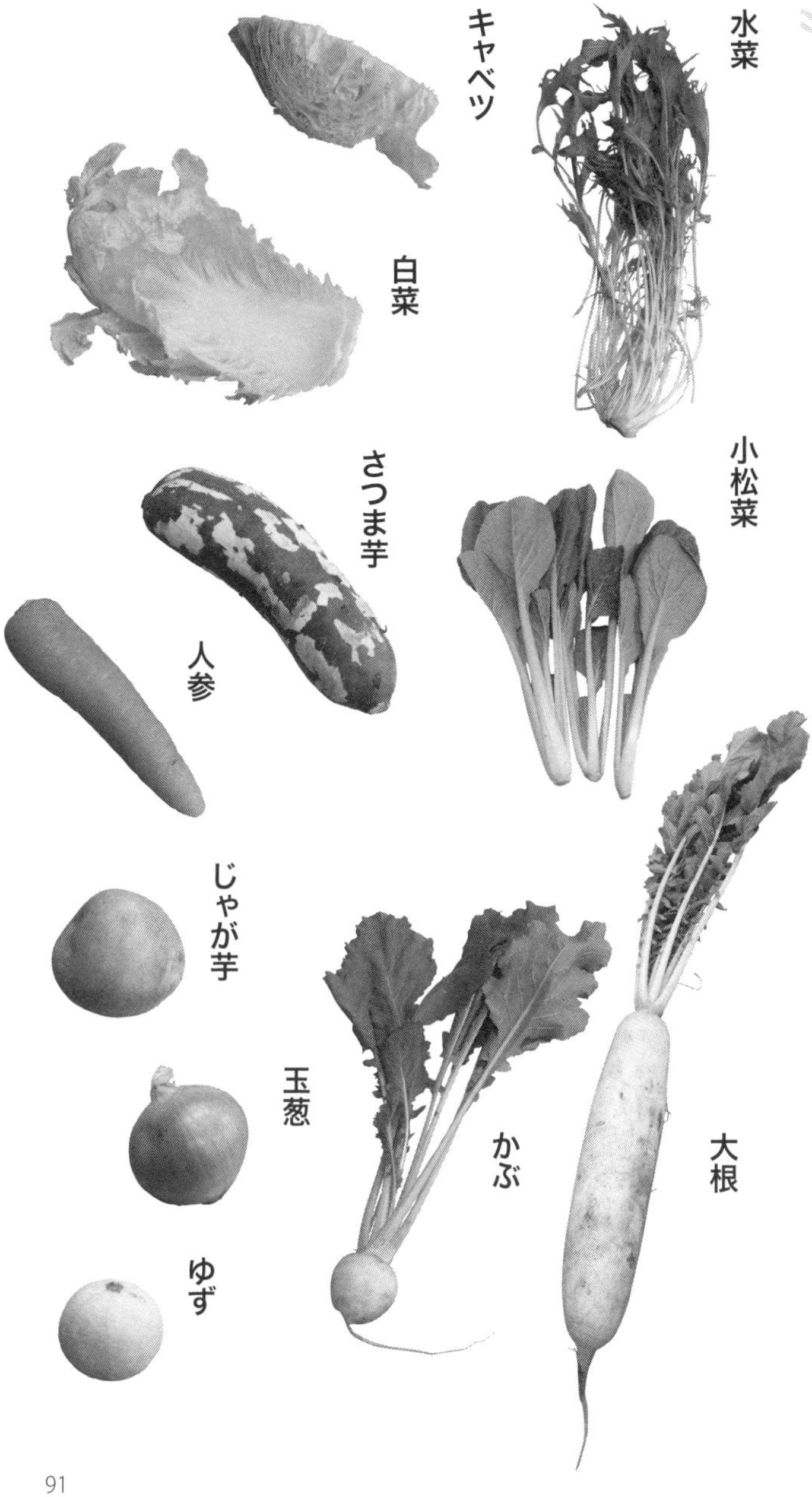

というヨーロッパの諺がありますが、ナチュラルハイジーンでは午前4時~正午までの時間帯は老廃物が活発に「排泄」されるモードと捉えていて、消化にエネルギーを奪われない生の新鮮な果物を食べて排泄や組織の浄化が速やかに行われるようにします。果物は空腹時に食べるようにして、食後のデザートとして食べるのはNGです。

次は昼食と夕食についてですが、正午~午後8時までは食べ物を摂取し、体組織に栄養を与える作業が活発に行われる「消化」の時間帯で、果物よりも消化にエネルギーを要する食べ物の摂取はこの時間帯に行います。

私の場合、1週間のうち昼食をとることができる曜日とできない曜日があるので、夕食にどんなものを食べているかをご紹介します。

生野菜(小松菜・白菜・キャベツ・水菜・かぶ)、ゆず(果汁を生野菜にかけて、皮もいただく)、人参の糠漬け、生のナッツ類(クルミ・カシューナッツ・アーモンド)、ニュートリショナルイースト(主にさとうきび等の糖蜜の酵母からできた、ビタミンB群やミネラル等を含む栄養価が高い食品)、コールスロー(キャベツ・人参・パプリカ)、煮物(ひよこ豆・ひじき・人参・椎茸)、味噌汁(大根・人参・玉葱・じゃが芋・昆布)、発芽玄米御飯(どんぶり1杯に黒ごま)、納豆1~2パック。

医食同源

「医食同源」を実践する食事メニューの一例。こだわり抜いた「食」が瞑想に適した身体を作る。

だいたいこんな感じで、日によって煮物の代わりに蒸し野菜（さつま芋・かぼちゃ・蓮根・ブロッコリー等）、味噌汁の代わりに豆乳シチュー、トマトスープ、中華風スープ、週に1回はカレー、パスタ（全粒粉スパゲティー）も食べます。

ローフード（生の食べ物）が多ければ多いほどエネルギー転換率が高いので、食事の70〜80％を新鮮な生の果物と野菜で構成するようにします。

寒い冬には身体を温める旬の根菜を中心とした冬野菜（ごぼう・大根・白菜・水菜）、暑い夏には身体を冷やす果菜類を中心とした夏野菜（きゅうり・トマト・ナス・ピーマン・オクラ・とうもろこし）を食べるというように、旬の食べ物が最も栄養価が高く安価になりますので、季節感を感じながら旬の食材を食べていただきたいと思います。

ナチュラルハイジーンについてご興味のある方は、松田麻美子先生のご著書や翻訳書をぜひご覧ください。

第7章

行住坐臥

GUMPU
METHOD

「臥」で心身をリラックス

「行住坐臥《ぎょうじゅうざが》」は、日常の立ち居振る舞いを表す仏教用語で「行」は身体を動かしたり、歩いたりすること。「住」は一定の場所にとどまること。「坐」は椅子や畳に座ること。「臥」は、横になって寝ることを意味します。仏教では、この四つを四威儀《しいぎ》と呼び、人間の日常生活上の基本的な行動を表し、禅宗では、起きて顔を洗うこと、食事をいただくこと、歩くこと、坐ること、日常生活のすべてが修行であるとしています。

まずは、行住坐臥の「臥」からはじめていきます。人間は誕生し、寝ている状態から寝返りをするようになり、座り、つかまり立ちから伝い歩きを行い、立って、歩くようになります。普段、睡眠をしている際に自身の状態を内観、または客観視することは非常に難しく、夢を見ていたとしても覚えていないことが多々あると思います。「臥」の部分では、ヨーガの様々なアーサナ（ポーズ）を行った後に行うシャヴァ・アーサナ（屍のポーズ）と、站椿功を立位ではなく仰向けで行う臥椿《がとう》を紹介致します。

シャヴァ・アーサナは仰向けになり、両足の幅は肩幅に開き、両手腕と脇の角度は45度位に

臥

シャヴァ・アーサナ（屍のポーズ）は仰向けになり、全身を脱力する。呼吸に意識を向け、身体を観察していき、身体がフーッとマット等に沈んでゆく感じを味わう。10分のシャヴァ・アーサナは1時間の睡眠にあたるともいわれる。臥椿は撑抱椿を仰向けで行うもの。足裏をつけて両膝を立てた状態で、人差し指から小指までの間には綿の球を挟んでいて落とさず、前腕、上腕、胸全体で紙風船を抱えているようなイメージで行う。

シャヴァ・アーサナ

臥椿

して手の平を上向きにします。軽く目を閉じてリラックスし、首・肩・腕・手の余分な力を抜いて、屍のポーズですから全身を脱力します。呼吸は自然呼吸です。呼吸に意識を向けて、身体がマット等に接触している部位、腹、手の平・指先、足の裏・足指等を観察していき、身体がフーッとマット等に沈んでゆく感じを味わってください。ご自身でもういいかなという感じになりましたら、ゆっくりと目を開けて手先→足先と

動かし、右膝↓左膝と順に屈曲させ右を向いて横向きになり、右腕で腕枕をするようにして左手をついてゆっくりと身体を起こします。

シャヴァ・アーサナはヨーガの究極のポーズであり、10分のシャヴァ・アーサナは1時間の睡眠にあたるともいわれます。交感神経が優位になりがちな現代人には、はじめは心身共に完全なリラックスをすることは難しいと感じるかもしれません。睡眠不足や疲労を感じている際に行うと副交感神経が優位になり、睡眠不足を補い、心身の疲労回復に役立ちます。不眠症の方は寝る前に行うと不眠症が解消され、快眠ができるようになると思います。

次は臥樁です。第2章で紹介した撑抱樁は立位で行いましたが、臥樁は仰向けになり両膝を立てた状態で、肩腕手の位置と角度は立位の撑抱樁と同様です。親指と人差し指の間は少しつっぱり加減にして、人差し指から小指までの間には綿の球を挟んでいて落とさない感じ、両掌を胸に向けて、前腕、上腕、胸全体で紙風船を抱えているように。抱き加減は強すぎると紙風船が潰れてしまい、弱すぎると風で吹き飛ばされてしまう感じです。

意拳養生樁の臥樁では踵をつけて爪先を上げた状態で行いますが、私は足裏をつけた状態で行います。どちらでも、やりやすいほうで行っていただき、肩腕が重くつらく感じるようでしたら、上腕をマット等につけて行っても結構です。

散打を制した瞑想の力

1998年5月に中国深圳で開催された第1回世界散打搏撃選手権。この大会に向け、瞑想を稽古の主軸に置き、食事も発芽玄米菜食にして臨み、64キロ級チャンピオンに輝いた。

この臥椿は、1998年5月に中国深圳で開催された第1回世界散打搏撃選手権に向けての稽古の際に始めました。以下は試合まで半年間、毎日継続した稽古内容です。

まず、臥椿を30分行ってエネルギーを充電してから、坐位でヴィパッサナー瞑想を1時間、その後、立位にてガンプーストレッチを30分かけて行い、意拳養生椿の提挿椿を

1時間、扶按樁を1時間、撑抱樁を45分、試力（開合試力、提按試力）、技撃樁（太氣拳の半禅に対応）を左前で10分行った後に推拉試力（太氣拳の揺に対応）、右前でも同様に行い、摩擦歩（定位、活歩）1時間、探手の代わりにシャドー。これらの内容を毎日一人で行いました。

さらに週に2回、意拳の推手（単推手と双推手）と坐位にての合気上げを実兄・岡部宜史（総合武道研究会 玄武館館長、躾道館師範）と行い、月に1回は相撲、首相撲、道着を着用しないでレスリング・柔道等の投げ技も含めた組技、パンチ・蹴り・肘・膝・投げ・首相撲を含めたスパーリングを小川正人師範（総合武道格闘術 主宰、躾道館師範）と行った後にミットトレーニングもこなしました。食事はこの時はじめて発芽玄米菜食にして臨み、64キロ級チャンピオンになることができました。

また、２００７年4月から太極拳教室を始めた際、持病があって体力的に立位・坐位で站樁功を行うことができない生徒さんには臥樁から行っていただいて、段々と体力がついてきてから坐位↓立位と無理なく移行するようにしていただきました。その生徒さんのご努力と熱心さもあり、毎日、九十九式太極拳を一人で行うことができるようにもなられ、「命の恩人」とおっしゃっていただくまでになりました。

「坐」は体の中を利かせる

次は「坐」です。第4章で坐って行うヴィパッサナー瞑想を紹介致しましたが、ここでは日常の坐について述べさせていただきます。日常の座り方としては椅子に座る、正座、胡坐等が一般的に行われ、日本の古武術や現代武道を修錬されている方々は正座、跪坐、片膝立、蹲踞等の座り方をされるかと思います。

いずれの座り方をするにも、太極拳要訣の意守丹田、尾閭中正、収臀提肛、鬆腰、立身中正、虚霊頂頸、二目平視、上顎舌頂、上虚下実を遵守し、ヨーガの三つのバンダ、「ムーラバンダ（肛門を引き上げるようにすぼめるようにして骨盤底筋群を収縮させる＝収臀提肛）」、「ウディヤーナバンダ（腹横筋の臍のラインと左右肋骨の下端から左右股関節にかけての左右縦のラインでアルファベットのHの張りを作る）」、「ジャーランダラバンダ（胸骨最上部の柄と顎の間にボールを挟んでいる感じで臍の上辺りのマニプーラチャクラとの繋がりを感じる）」が利いている状態になると、上半身はリラックスしていて臍下丹田から足裏まで充実した、上虚下実の座り方ができるようになります。

坐

正座や胡坐等、いずれの座り方をするにも、太極拳の要訣やヨーガの三つのバンダ（ムーラバンダ・ウディヤーナバンダ・ジャーランダラバンダ）を利かせることで、上半身はリラックスしていて臍下丹田から足裏まで充実した、上虚下実の座り方ができるようになる。

胡坐

正座

立位から椅子に座る

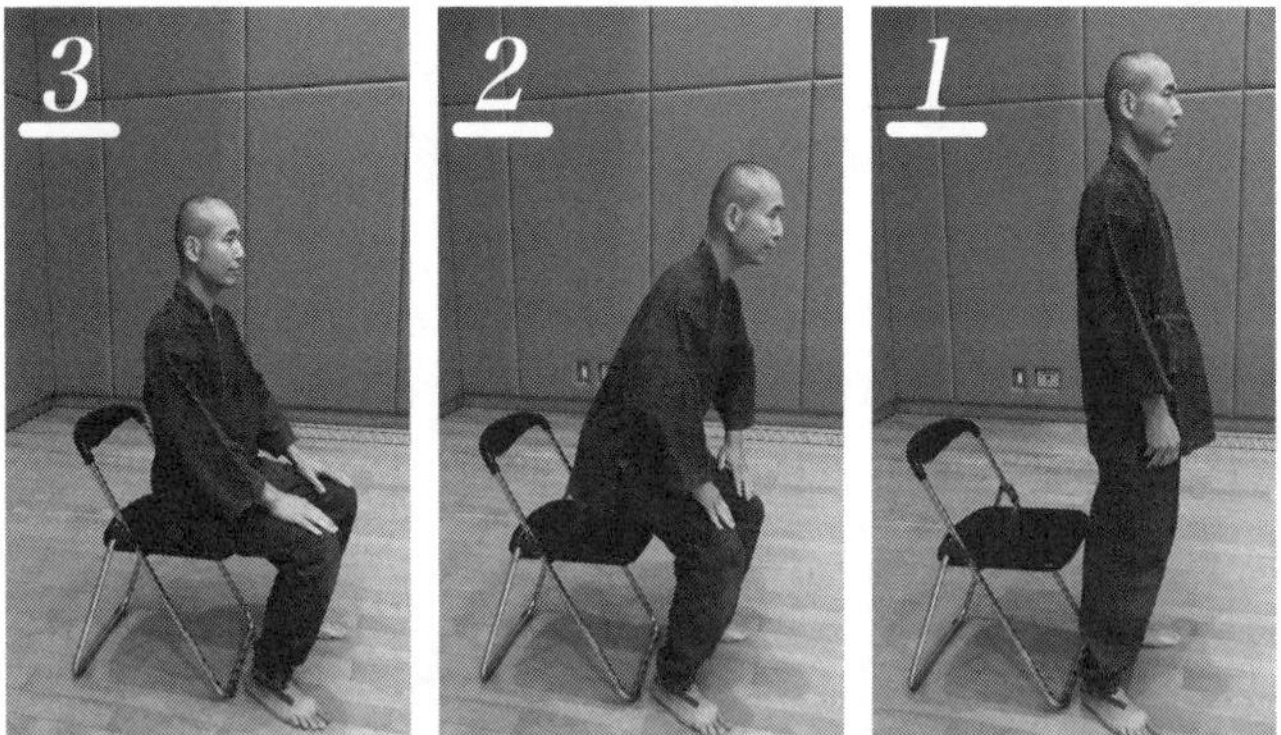

立位から椅子に座る際は腸腰筋が利いている状態で椅子に腰かけ、座っている時もそれを維持する（①～③）。

立位から椅子に座る際は腸腰筋が利いている状態で椅子に腰かけ、座っている際は座骨で椅子をしっかりとらえて、股関節から膝は水平、膝から足首までは直角、足裏は地についていて、骨盤の上に背骨・頭が乗って中心軸はまっすぐに立ち、やはり、腸腰筋が利いている状態です。椅子に座った状態から立つ際も、同じく腸腰筋が利いている状態で踏ん張らないでスッと立つようにします。

立位から正坐になる際、正坐をした状態から立つ際も同様に腸腰筋が利いている状態で行うととても良い鍛錬になります。

「住」で用意不用力を実感

三つめは「住」です。一般的に、一定の場所の中で最も長い時間を過ごす家の中での日常生活動作についてです。顔を洗う、食事をする、歯磨きをする、トイレに行く、掃除、洗濯、炊事、入浴等、家にいる間に行う全ての動作において、体幹部（肚脇）主導で行えているかを内観していきます。

住

歯磨きをする際、用意不用力が上手くできれば勝手に歯ブラシが動き出す。意念を用いて最小限の力で歯を1本ずつ、体幹部（肚脇）主導で磨いてゆく。

ここでは歯磨きをピックアップ致します。歯磨き粉をつけた歯ブラシを歯に乗せた状態から、用意不用力を実感していただきたいと思います。歯磨きをするということ自体は、既に脳から指令が出ていますから、待って、聴いて、感じて、任せます。用意不用力が上手くできれば勝手に歯ブラシが動き出します。ブラッシング圧はできるだけ低いほうが良いので、意念を用いて最小限の力で歯を1本ずつ丁寧に磨くようにします。この時に、肩腕主導ではなく体幹部（肚脇）主導になり、大腰筋と腸骨筋の利き具合を感じていただきたいと思います。

「行」は全て体幹部主導

それでは、最後に「行」です。歩く、階段の昇降、自転車に乗る、立礼、座礼、その他、様々な身体動作があります。要点は「坐」で述べた太極拳要訣の遵守とヨーガの三つのバンダを同時に行い、自身の心と身体を内観しながら、身体の外側から客観視しつつ、自身の身体を立体的に感じることができるようにしていきます。さらに、動作は脚膝主導ではなく体幹部（肚脇）主導、加速度運動ではなく等速度運動に、いわゆる太極拳要訣の上下相随、連綿不断になります。

歩く際に足先を進行方向に向けて、左右の腸腰筋を内旋するようにします。腸腰筋で片足を引き上げる際、反対側の足裏のアーチ（土踏まずのライン）にしっかりと乗るようにします（虚実分明）。踵から着地する際、踵を踏み込まないで踵と土踏まずの交差したポイントにすぐに移行し、足裏のアーチがしっかりと利いた状態で母指球、小指球、足指（特に母指球と親指が重要）に移行。

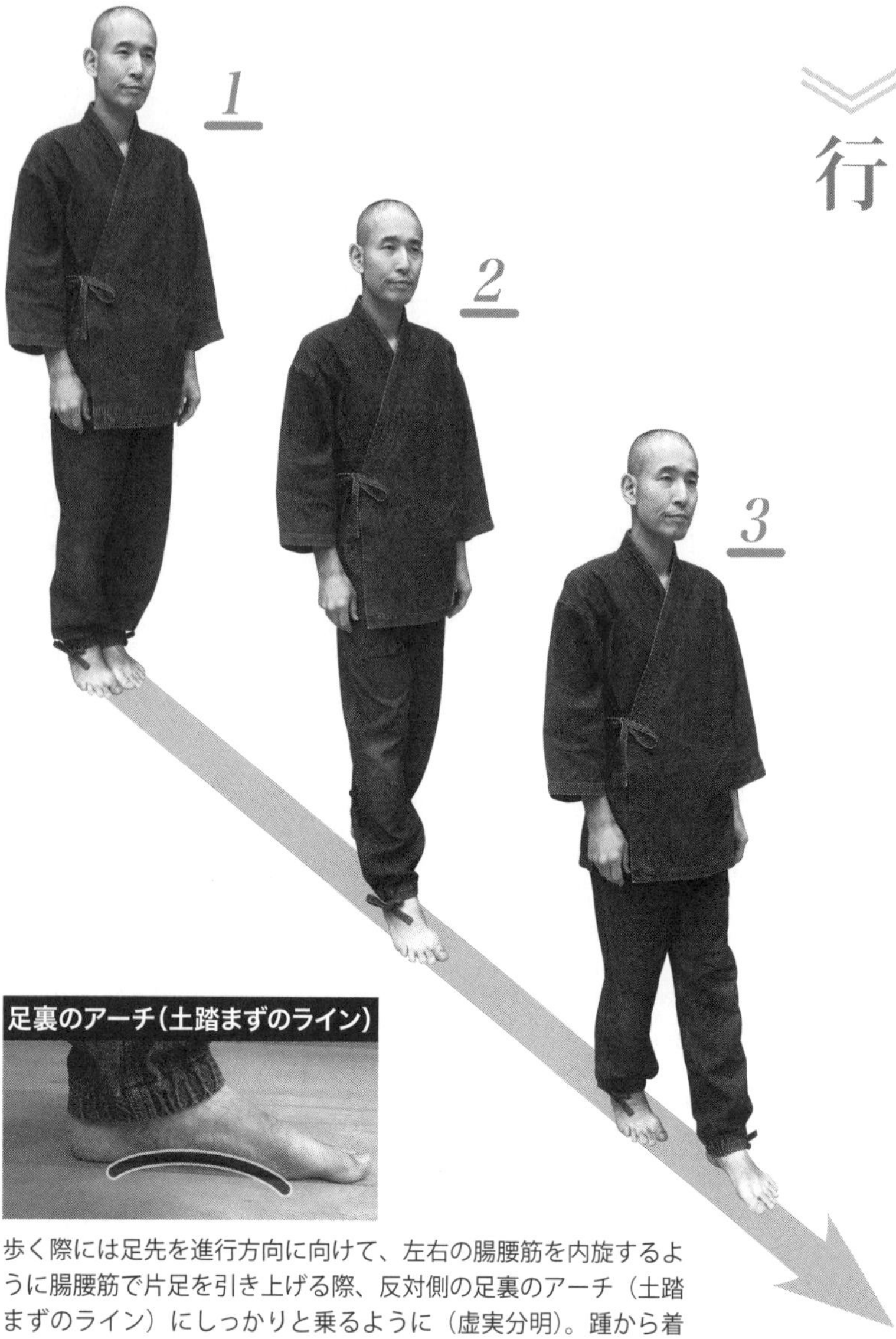

歩く際には足先を進行方向に向けて、左右の腸腰筋を内旋するように腸腰筋で片足を引き上げる際、反対側の足裏のアーチ（土踏まずのライン）にしっかりと乗るように（虚実分明）。踵から着地する際は、踵を踏み込まないで踵と土踏まずの交差したポイントにすぐに移行し、足裏のアーチがしっかりと利いた状態で母指球、小指球、足指（特に母指球と親指が重要）に移行。滑らかにスムーズに途切れないように歩行していく（①〜③）。

腸腰筋がバッチリ利いている状態であれば、日常生活動作そのものが素晴らしい鍛錬になる。

左右の足が滑らかにスムーズに途切れないように歩行していきます。

歩く、階段の昇降、自転車に乗る、立礼、座礼等を腸腰筋がバッチリ利いている状態で行うことができれば、日常生活動作そのものが素晴らしい鍛錬になります。

第8章

後発先至

①

ジャワ島でのトラブル

本章のテーマは太極拳の要訣「後発先至《こうはつせんし》」です。文字通り、後から発して先に至るにはどうしたらいいのか？　について述べさせていただきます。

太極拳には相手と接触している部位から情報を読み取る聴勁と、相手の力を暖簾に腕押し状態にして無力化する化勁があります。第2章と第3章で紹介した站椿功＆套路（型）で修練してきた姿勢と要訣を維持しながら推手を行うことにより、聴勁と化勁を養い相手の中心を捉える力を身につけることができます。

中国では、お互いの手首付近を接触させた塔手《とうしゅ》の状態から攻防が始まることもあるようですが、日本では何らかのトラブルがもとでどちらか一方が胸倉を掴んできてから攻防に発展するケースがよく見受けられ、私自身も中学時代と高校卒業間近の若かりし頃に、何度かそのような状況から実戦に至った経験があります。

護身という観点から言いますと、色々な状況があり、先述のように接近戦から始まる場合もあります。また、２００３年にインドネシアのジャワ島でトラブルから五～六人に取り囲まれて、三人の相手から前蹴り、殴る、飛び蹴りと次々と攻撃をされた経験もあります。その時、私は半袖Tシャツに短パン、ビーチサンダル、重量12キロのリュックを背負っており、自分からは手を出さないようにしていました。

一人目が前蹴りをしてきたのに対して無意識に身体が反応し、蹴り脚を下から手ですくったら相手が転倒しました（相手が前蹴りを蹴ってくるまでの間に、イメージで3発攻撃を行う余裕がありました）。二人目が後ろから殴りかかってきたのに対して、気配を察知してよけたのですが、被っていた帽子が飛ばされました。三人目の飛び蹴りに対して、体を開いてかわし衝撃を上手く逃がしたのでダメージは全くありませんでしたが、着ていた白いTシャツの胸に足跡がつきました。

「仏の顔も三度まで」という諺がありますが、流石に私も堪忍袋の緒が切れて、背負っていたリュックをぶん投げてビーチサンダルを脱いで裸足になり、彼らをまとめて片付けてしまおうとしたところ、一緒にいた妻の「やめて！」という一声により動きが制されました。

それはまさに、西遊記の三蔵法師が呪文を唱えると孫悟空の頭がしめつけられる輪・緊箍児《きんこじ》が私の頭にもあるようでした。

その後、すぐに警察官が駆け付けてきて私から事情を聴くと、私と妻をローカルバスに乗せ

ジャワ島のブロモ山トレッキングの際の一枚（左）。バリ島のウブドでの常宿「SHANA HOME STAY」の看板前にて（右）。

てくれました。

私と妻は無傷で、相手を傷つけることなく済んだのは良かったのですが、座席に腰を下ろしてからしばらくすると一度沸点に達した怒りがふつふつとこみ上げてきたので、目的地のスラバヤに向かう車内で2時間ほど瞑想を行い、怒りを鎮火させました。

当時の情勢としては、２００１年９月11日のアメリカ同時多発テロの影響もあり、翌年の２００２年10月、バリ島南部の繁華街クタで路上に止めてあった自動車爆弾が爆発、向かいのディスコなど多くの建物が吹き飛んで炎上し、外国人観光客を含む２０２名が死亡した、世界有数の観光地で発生したテロが衝撃を与えた半年後でし

バリ島のウブド東部の村にある、ゴア・ガジャ遺跡で。

た。

インドネシアのイスラム過激派が政治的にアメリカ寄りの日本人に対して好戦的ということもあり、ジャワ島へ行く前に、バリ島在住10年以上で日本語の古本屋をされている方から「今はジャワ島へ行かないほうがいい。もし、行くのなら中国人を装ったほうがいい」というアドバイスをいただいていました。

しかし、私と妻は、核保有国であるインド・パキスタン・中国の三国が領有権をめぐり紛争状態が続いている、渡航自粛勧告レベル3のインド北西部のカシミールを2000年8月に訪れた経験があり、銃を装備した兵士が土嚢《どのう》を防壁にして銃撃戦がいつでも始められる臨戦態勢の街を歩いていたので、何かあって死ぬ時はその時だと思い、ブロモ山（ジャワ島の活火山）と世界最大の仏教遺跡ボロブドゥールとプランバナン寺院群に行くことに決めました。

ブロモ山トレッキングの起点になるスラバヤに到着してから、バリ島の古本屋で購入した『地球の歩き方・インドネシア』のジャワ島のページを読んでいると、「旅行業者を装っているが、チンピラ同然に日本人を脅して暴行を加えて金を巻き上げている」という投稿を目にしました。私を襲ってきた連中のことです。

相当数の日本人が被害を受けているということで、未然にトラブルに巻き込まれないことが最善ですが、少しは骨のある日本人もいるということを知らしめられたと思いました。

また、はじめから楽をしようと思わずにローカルバスに乗っていれば問題は起きませんでした。旅行業者を装った連中のボスに目的地へダイレクトに行くバスの値段を聞いた時、10倍ほど吹っ掛けてきたのでローカルバスの運転手に正規の値段を聞こうとすると、彼は運転手を脅して値段を言わせないようにしました。そこで私が「あんたのところのバスには乗らない」と言うと、「Fucking Japanese!」と挑発してきたため、私も臨戦態勢になってしまい、このようなことになりました。

あの時、やられたらやり返すで報復していたら刃物やピストルが出てきたかもしれませんし、仮に私が彼らを倒しても正当防衛になればよいのですが、過剰防衛になることもあり拘留されていたかもしれません。この時はこれでよかったのですが、まだまだ未熟だと痛感しました。

この体験は、こういった状況にならないようにするにはどうしたらいいのか？　という課題を与えてくれた大変貴重な学びになりました。では、このあたりで体験談は終わりにして、いよいよ本題に入っていきたいと思います。

「後発先至」の稽古法

日本の武道・武術には、「一眼二足三胆四力」という言葉があります。後発先至を体現するには、まず「一眼」の目付け、見切りにより、相手との間合いを制する必要があります。

遠山《えんざん》の目付け、「観《かん》の目つよく、見《けん》の目よわく」といわれますが、相手の顔の表情を観ながら、一点のみではなく、頭のてっぺんから手先足先まで全体を捉えるようにします。相手の拳、足、武器等を注視せずに全体をボーッと観ることにより相手の起こりが観えやすくなります。

ここでは、私が躾道館首席師範・小林直樹先生から25年以上前に学んだ目を養う稽古法を紹介致します。これは元々、小林先生の兄弟弟子である躾道館会長・田中光勝氏（ラーメン通の間では有名な伝説の名店「中華そば　べんてん」の店主）が台湾で中国武術を修行した際に学び、小林先生に伝えたものと聞いています。

◎目慣らし

〈左右交互に行う〉

①二人一組になり、お互いに向かい合い攻守に分かれる。
②両者とも足幅は肩幅で立ち、両手両腕は自然に垂らす。
③攻め手は守り手の顔（鼻）に拳が当たる距離で確認を行う。
④まずはゆっくりと、攻め手は両手両腕を自然に垂らしている状態から右の拳で守り手の顔を攻撃する。この時にできるだけモーションがないように行う。
⑤守り手は両手両腕を自然に垂らしている状態から攻め手の右拳を左掌で柔らかく受ける。この時にできるだけ滑らかにスムーズに行い、過剰反応をしないようにする。原則として攻め

目慣らし

二人一組になり、お互いに向かい合う。両者とも足幅は肩幅で立ち、両手両腕は自然に垂らす（①）。攻め手（左）は守り手（右）の顔（鼻）に拳が当たる距離で確認を行う（②）。まずはゆっくりと、攻め手は右の拳で守り手の顔を攻撃し、守り手はそれを左掌で柔らかく外側から受ける（③④）。次に左側も同様に行い（⑤⑥）、左右交互に繰り返す。慣れてきたら間を置いたりして難しくしていき、攻め手は少しずつ速度を上げていく。左右交互だけでなく、ランダムでも行う。

1

2
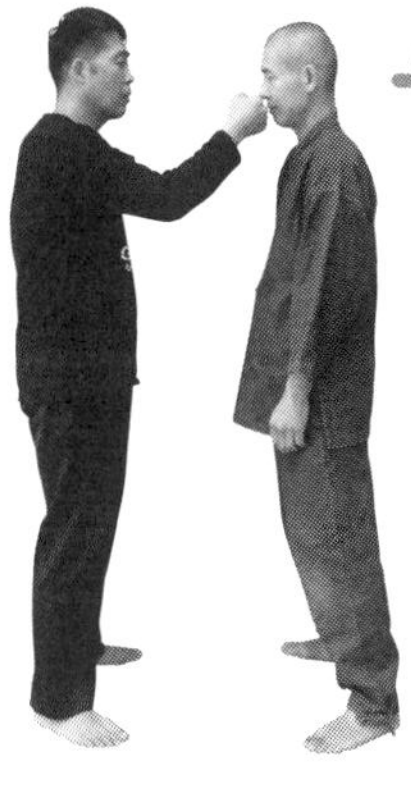

3
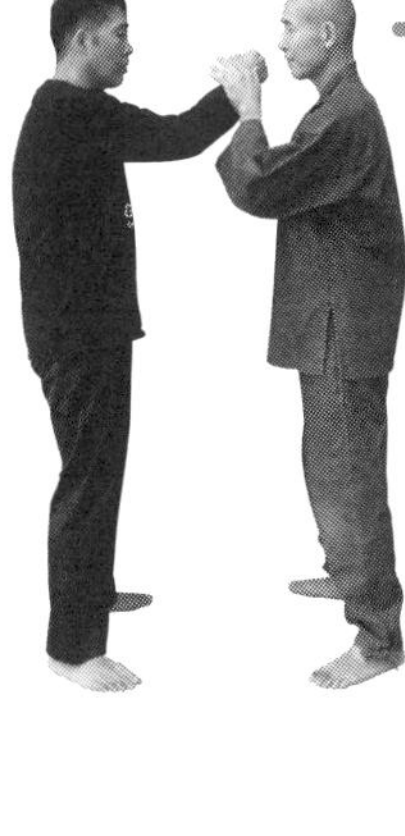

4

5

6

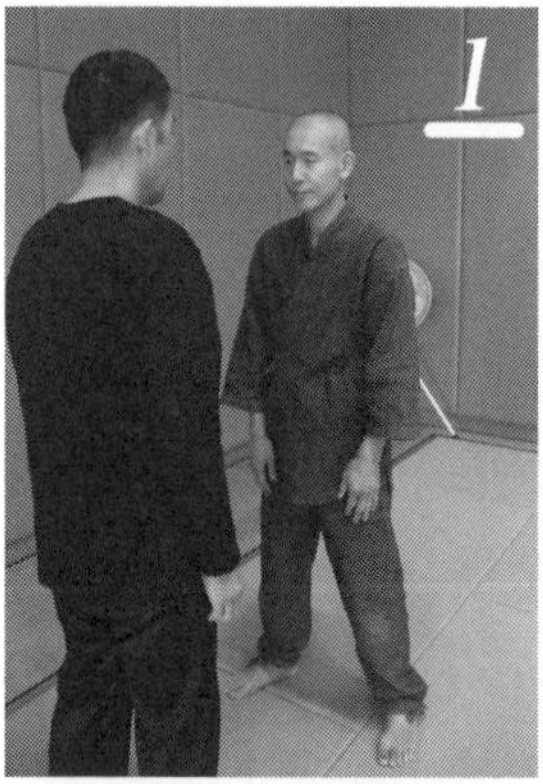

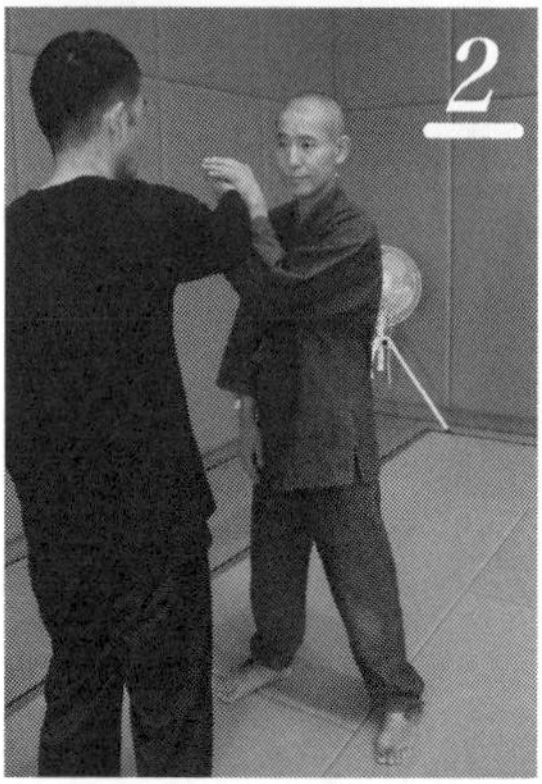

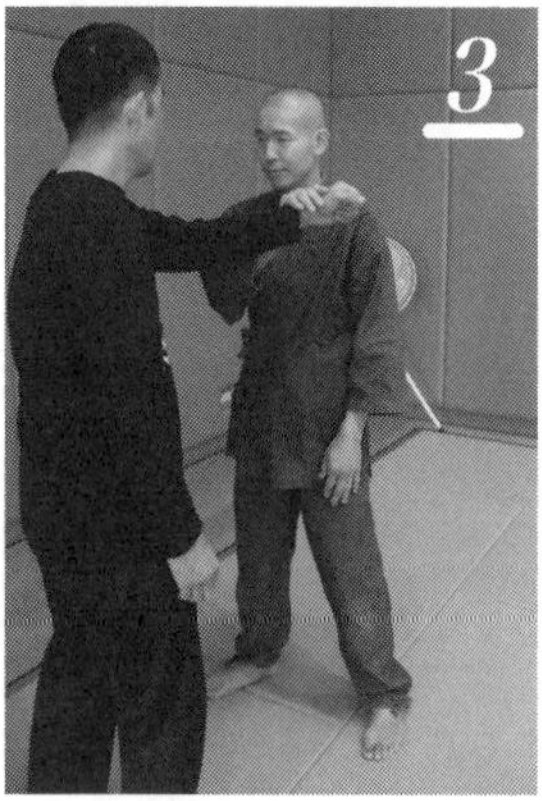

目慣らしを別角度から見た様子（①～③）。非常に間合いが近いが、この距離での反応ができなければ「後発先至」を体現することは不可能である。

手の拳に対して外側から受け、内側から受けないようにする。仮に内側から受けたとしても、それを認識しつつもとらわれずに継続する。

⑥攻め手は、次は左拳、右拳と交互に攻めていく。はじめは同じリズムで良いが、慣れてきたら間を置いたりして難しくしていく。

⑦守り手に余裕が出てきたら、攻め手は少しずつ速度を上げていく。

〈ランダムに行う〉

①今度はランダムにゆっくりと左右の拳で守り手の顔を攻撃する。まずは先述の〈左右交互に行う〉の①〜③と同様の手順を行う。
②受け手は攻め手の左右の拳による攻撃に対して、先と同様に原則的に攻め手の拳を外側から受けて内側から受けないようにする。
③はじめは同じリズムで良いが、慣れてきたら間を置いたりして難しくしていく。
④守り手に余裕が出てきたら、攻め手は少しずつ速度を上げていく。

次に、ギリギリで見切りを行うための稽古法を紹介致します。この稽古法は小林直樹先生から学んだ嫡流真伝中国正派拳法の体捌きと、深井信悟先生（快風院）から学んだ禅密功&クラゲ身法（八卦掌由来）に、私の今までの経験が融合してできたものです。

①二人一組になり、お互いに向かい合い攻守に分かれる。
②両者とも足幅は肩幅で立ち、両手両腕は自然に垂らす。
③攻め手は守り手の体幹部前面に拳が当たる距離で確認を行う。

見切り稽古

二人一組になり、お互いに向かい合う。両者とも足幅は肩幅で立ち、両手両腕は自然に垂らす（①）。攻め手（右）は守り手（左）の体幹部前面に拳が当たる距離で確認を行う（②）。攻め手はゆっくりと、守り手の胸の中央または水月を右拳でまっすぐ攻めていき、守り手は攻め手の拳が触れてから化勁を使ってそれを無力化する（③④）。左拳に対しても同様に柔らかく化勁を行う（⑤⑥）。さらに余裕があれば、化勁すると同時に攻撃を行う（⑦～⑨）。

1

2

3

4

5

6

7

8

9

④攻め手はゆっくりと、守り手の胸の中央または水月を左右どちらかの拳でまっすぐ攻めていく。
⑤守り手は攻め手の拳が触れてから化勁を使って無力化する。
⑥慣れてきたら、攻め手はフック、アッパー等も使い攻撃をする。
⑦守り手は攻め手の攻撃とぶつからないように柔らかく化勁を行う。
⑧さらに、余裕があれば化勁すると同時に攻撃を行う。

野馬分鬃

太極拳における代表的な技法の一つ。自然体で相手と対する（①）。中段を突いてきた相手の拳を、左手で柔らかく引き込むように化勁し（②）、相手の左脇下に右腕を差し入れつつ、左脚の後ろへ右脚を進め、右肩から体当たりするように全身で打ち上げて倒す（③④）。先出の「目慣らし」などで養成した相手の攻撃の起こりを察知する反応の速さと、体幹部主導による強大な勁力の両方があって初めて、太極拳の技法は「後発先至」の実戦力を備えることができる。

第9章

後発先至②

GUMPU
METHOD

足・胆・力を錬り上げる

前章で、一眼二足三胆四力の一眼について述べましたが、本章は二足からはじめていきます。中国武術では「套路は教えても歩法と用法は教えない」、日本の武道・武術でも「歩法を隠すために袴を着用する」という言葉を聞いたことがあります。

後発先至となるためには踏ん張らず、蹴らずに途切れないよう歩を行わないと起こりが見えてしまい、相手とぶつかることになります。

伝統派空手や剣道、その他のスポーツ競技でも、一般的に初心者は後ろ足で踏ん張って蹴って前に出て、中級者・上級者以上は膝の抜きを使って前に出ているように見受けられます。しかし、脚膝主導ではなく体幹部（肚脇）主導・深層筋主導で足裏の抜きができるようになると、地球と喧嘩しなくなるので起こりと居着きがなくなり、スーッと前に出ることが可能になります。

これまでに、ガンプーストレッチと站樁（立禅）、站樁で養った姿勢と要訣を崩さずに定歩で行う試力、四方八方から相手が攻撃してくることを想定しながら行う九十九式太極拳の套路

（動禅）の一部と歩法の鍛錬でもある摩擦歩（這）を紹介致しました。

そして、第7章の行住坐臥では太極拳要訣の意守丹田、氣沈丹田、尾閭中正、収臀提肛、円襠、鬆跨、鬆腰、沈肩墜肘、含胸抜背、虚霊頂頸、立身中正、上虚下実、上顎舌頂、用意不用力、虚実分明、連綿不断、内外相合、動中求静を遵守し、ヨーガの三つのバンダを同時に行いながらの日常の歩行と階段の昇降についても言及しました。

意拳の摩擦歩と太氣拳の這は蛇行しながら、遅速の等速度で前進後進を行いますが、なぜ前進する際に斜め45度に歩を進めるのでしょうか？

私が学んだ櫻公路一顱伝・嫡流真伝中国正派拳法で最初に学ぶ八級課程では五つの技を対人稽古で練りますが、相手の中段突きをギリギリで体捌きをもって躱しつつ斜め45度前方に歩を進め、相手の攻撃が終わると同時に相手の死角からこちらの攻撃だけが到達するようにします。「八級課程は初歩でもあるが極意でもあり、最も難しい」と躾道館首席師範・小林直樹先生から教わりました。

前述の太極拳要訣、または站樁状態を保ちながら摩擦歩と這の歩法を鍛錬することにより、蛇行しながら前進した際に、相手の攻撃を躱しつつこちらの攻撃だけを到達させることが可能となります。

しかし、相手と接触した際に肩腕手に余分な力が入ってしまうと聴勁と化勁を行うことができなくなってしまい、こちらの攻撃を先に到達させることが不可能となります。

やはり、上半身はリラックスしていて臍下丹田から足裏まで充実した状態（上虚下実）になっていないと相手の攻撃とぶつからずにスルリとこちらの攻撃だけ到達させることができません。上虚下実になっておらず、三胆の胆が据わっていない状態で氣が上がってしまっていては後発先至を実現することは難しいでしょう。

古来より肚を錬るという言葉がありますが、本書のこれまでの内容に共通することは肚を錬っている点とも言えます。

私は臍下丹田とは大腰筋と腸骨筋を合わせた腸腰筋と腹横筋の臍のライン、さらに腸も含めて集約されたポイントだと感じています。四力の力も力任せの蛮力、拙力ではなく、肚を錬ることにより全身が協調した勁力になるのが理想的です。

心法として、櫻公路一顱先生は「相手に命を預けなさい」、太氣拳宗師・澤井健一先生は「手に任せなさい」と仰ったそうです。お二人の口伝は、太極拳要訣の捨己従人と同じことを言っていると解釈してよいと思います。

「後発先至」の上級稽古法

それでは、後発先至を実現するための稽古法を紹介します。

◎無構えからの後発先至

①二人一組になり、お互いに向かい合う。
②攻撃側は自身が得意とする構え、後発側は自然体の無構えになる。
③攻撃側は後発側の顔面に右ストレートを打つ。この際、しっかりと倒せる距離で行う。
④後発側は左脚を一歩前に出しながら、左手で右ストレートを外側から受けると同時に攻撃側の鳩尾に右ストレートを打つ。この際に、全て一拍子で攻防一体となる。さらに、右ストレートを打った後はいつでも対応できるようにしておく。
⑤反対側も同様に行う。
⑥上虚下実になっていない場合はゆっくりと丁寧に行い、上虚下実になっている場合は段々と

無構えからの後発先至

二人一組になり、お互いに向かい合う。攻撃側は自身が得意とする構え、後発側は自然体の無構えになる（①）。攻撃側は後発側の顔面に右ストレートを打ち、後発側は左脚を一歩前に出しながら、左手で右ストレートを外側から受けると同時に攻撃側の鳩尾に右ストレートを行う（②③）。動作は全て一拍子で攻防一体となるように。さらに、右ストレートを打った後はいつでも対応できるようにしておくこと。また、反対側も同様に行う。

①~③の一連動作を別角度から見た図（④~⑥）。相手の攻撃を左斜め45度前方に歩を進めつつギリギリで躱し、こちらの攻撃だけを死角から到達させている。

速度も速くしていく。その際に加速度ではなく等速度で行う。

⑦さらに、余裕があれば攻撃側はフック、アッパー、手刀、前蹴り、回し蹴り、横蹴り、後蹴り、後回し蹴り等でも攻撃し、後発側は攻防一体となるように行う。

接触した状態からの後発先至

お互いに向かい合い、両前腕部を接触させた双推手の状態となる（①）。攻撃側は両前腕部が接触した状態から攻撃し、後発側は両前腕部が接触した状態から、聴勁と化勁を駆使して攻防一体となるように行う（②③）。余裕がある場合は攻撃側と後発側を決めず、結果的にどちらかが後発先至となるように行う。

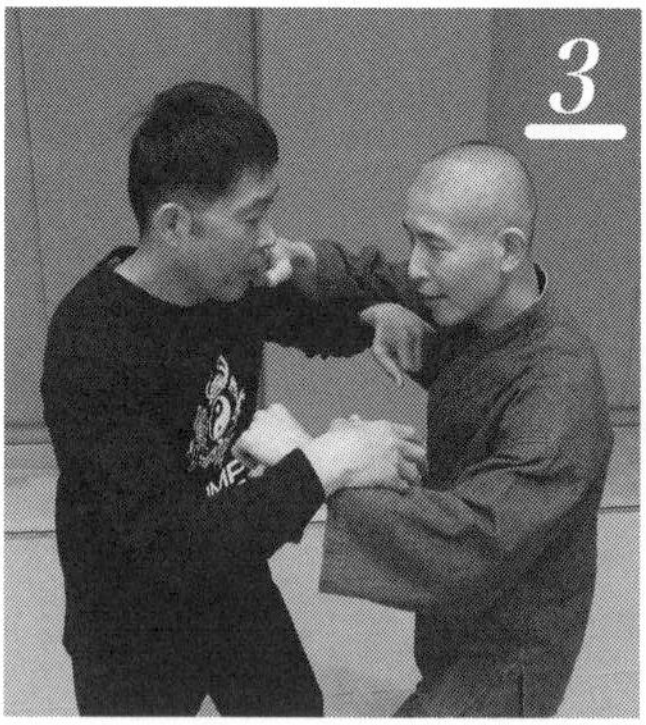

◎接触した状態からの後発先至

①お互いに向かい合い、両前腕部を接触させた双推手の状態となる。

②攻撃側は両前腕部が接触した状態から攻撃し、後発側は両前腕部が接触した状態から、聴勁と化勁を駆使して攻防一体となるように行う。この方法で難しい場合は、攻撃側と後発側の技を限定する。

③さらに、余裕がある場合は攻撃側と後発側を決めず、結果的にどちらかが後発先至となるように行う。

◎一本限定の自由攻撃に対しての後発先至

①お互いに向かい合い、構えは自由で、攻撃側が一本限定で自由に攻撃する。

②後発側は自身がどのように反応するか内観しながら、身を任せる。余裕があるようなら、連続攻撃やお互いに武器を持った状態、攻撃側のみが武器を持った状態でも行う。

一本限定の自由攻撃に対しての後発先至

お互いに向かい合い、構えは自由で、攻撃側が一本限定で自由に攻撃する。後発側は自身がどのように反応するか内観しながら、身を任せる。余裕があるようなら、連続攻撃やお互いに武器を持った状態、攻撃側のみが武器を持った状態でも行う。写真ではその一例として、相手の前蹴りを後発先至で対処している。相手が正面からまっすぐ前蹴りを放ってきた瞬間（①②）、左斜め45度前方に歩を進めつつ、左手で相手の蹴り足を下から掬い上げ、同時に右手で相手の顔面を制し（ここで顔面を打つことも可能）、そのまま地に倒す（③④）。瞑想によって心身が研ぎ澄まされていれば、このような一瞬の攻防でも体が自然に動いてくれる。

本場タイでムエタイ修行

最後に私の体験談を。1991年、日本柔道整復専門学校2年時の夏休みを利用して1ヶ月間、立ち技最強ともいわれるムエタイ修行のため、初めての海外となるタイ・バンコクのハーパランジムへ一人で出かけました。ハーパランジムは、あまりにも強すぎて対戦相手がいなくなり強制引退となった元ルンピニースタジアムライト級チャンピオン〝天を衝く膝蹴り〟ディーゼルノイ・チョータナスカン氏（タイで二人目の国民栄誉賞受賞者）と、7階級制覇の9冠王チャモアペット・ハーパラン氏を輩出している名門です。

ソムチャイ会長率いる当時のハーパランジムは、ラジャダムナンスタジアムチャンピオンのパノントワンレック・ハーパラン選手を筆頭に、ランカーのノポカウ選手、ヨン選手、ブート選手、サイアム選手ともう一人のプロ選手、怪我をしていて練習ができないのでタイムキーパーをやっていたチャムロン選手の七人の少数精鋭。トレーナーは藤原敏男氏（ムエタイ史上初の外国人王者）と二度戦い二度勝利したサンテイ氏と、元ルンピースタジアムチャンピオンのレーカー氏のお二人でした。

1991年に本場タイの名門ハーパランジムへ、ムエタイ修行に訪れた際の一枚。ハーパランジムのソムチャイ会長（中央）の左隣に著者。

練習初日、私にムエタイの基本であるミドルキックを、現役チャンピオンのパノントワンレック選手（当時25歳）が「腰の使い方が重要なんだ」と気さくに教えてくれました。

この時は、今のようにわかっていませんでしたが、鳩尾の左右肋骨の切れ目辺りから股関節にかけての大腰筋と腸骨筋を併せて使った体幹部（肚脇）主導で、肩腕手、脚膝足の余分な力が抜けて全身が協調することにより、ガードと腕の振りも一体化した強烈な蹴りでした。さらにレーカー氏からも、ミドルキックを蹴る時は斜め45度前に出てから蹴るように教わりました。

後から気付いたのですが、カウンターとして使う場合と自分から攻撃する場合も、斜め45度前に出ることにより、相手のパンチを躱しながら蹴ることが可能と

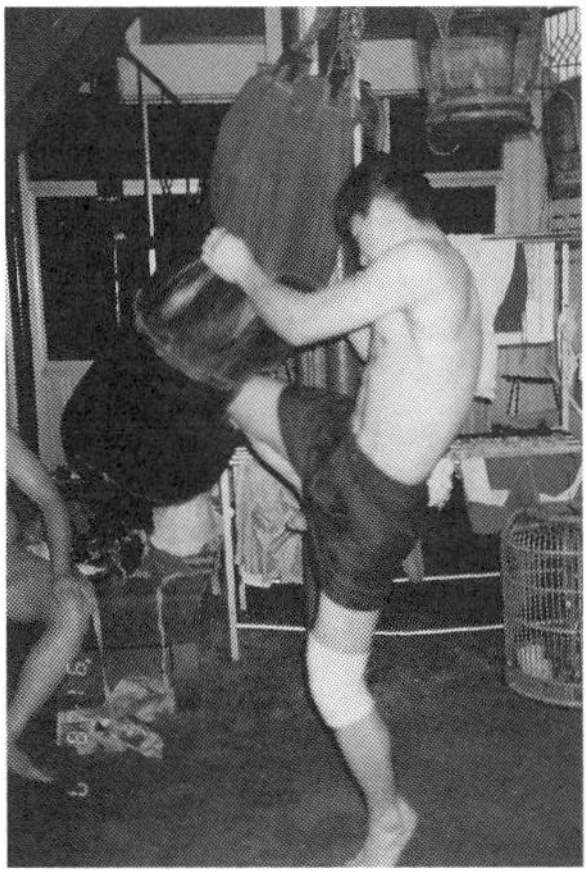

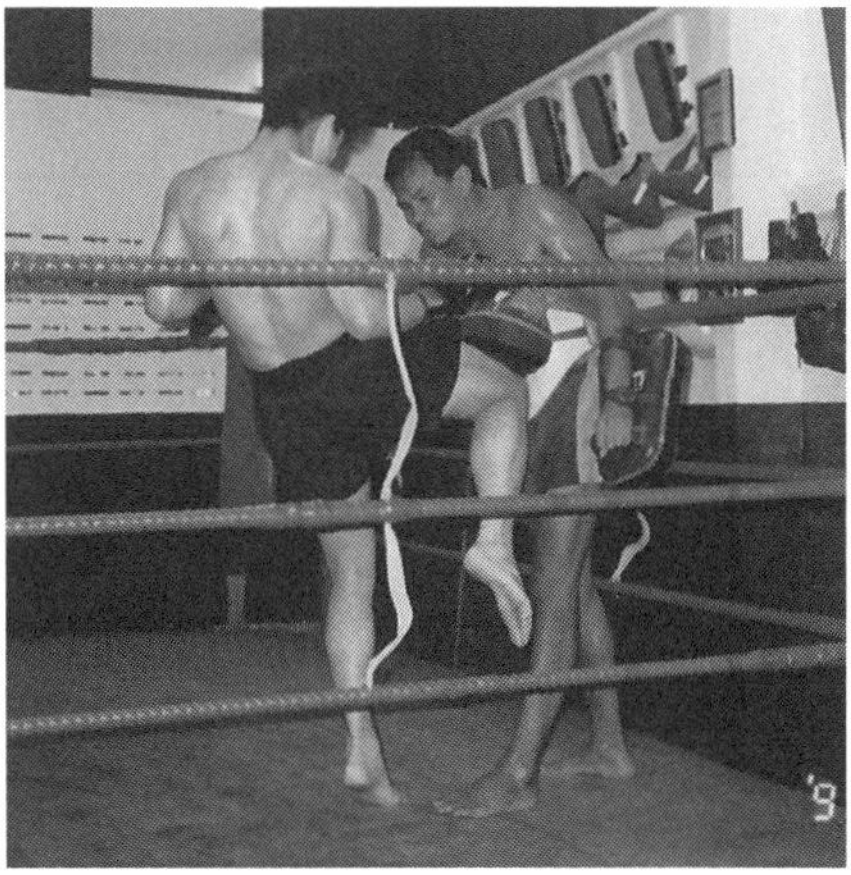

サンドバッグを使用した掴んでからの膝蹴りの練習（左）。サンテイ氏（藤原敏男氏と二度対戦し二度勝利）のミットトレーニングを受ける著者（右）。

"天を衝く膝蹴り"こと伝説の元ルンピニースタジアムライト級チャンピオン・ディーゼルノイ氏と（左）、当時の現役ラジャダムナンスタジアムチャンピオンで後に三冠王となったパノントワンレック選手とのツーショット（右）。

なります。ローキックも同様に斜め45度前に出ながら蹴り、前蹴り（ティープ）とまっすぐ突き刺すカウンターの膝蹴り（テンカオ）は、まっすぐ前に出て蹴るように教わりました。

　ハーパランジムでは朝6時に起床し、ランニング1時間、サンドバッグとミットトレーニング1時間半、首相撲と補強1時間半、シャワーを浴びて朝昼兼の食事、休憩と昼寝、午後3時から縄跳び30分、サンドバッグとミットトレーニング1時間半、首相撲と補強1時間半、シャワーを浴びて夕食、就寝というスケジュールで1日に7時間半の練習を行いました。

　ムエタイ二大殿堂の一つ、王室系のラジャダムナンスタジアムで試合を行っている六人の選手たちに交じって首相撲も行ったのですが、チャンピオンのパノントワンレック選手が相手だと全く歯が立ちませんでした。しかし、他の選手たちとの首相撲は劣勢ではなく、とても良い練習をさせていただきました。

　初めて首相撲を30分連続で行った時はヘトヘトに疲れてしまいましたが、段々と慣れてきて余分な力を使わずに力の入れ抜きが上手くできるようになると、大分楽になっていきました。首相撲での経験は、後に格闘空手大道塾、柔道、太極拳や意拳・太氣拳の推手、中国の散打搏撃（散打とムエタイの折衷ルール）等でも役立ちました。

第10章

自由攻防（試合）に活かす

GUMPU
METHOD

数多の強豪たちとの戦歴

本章では、自由攻防や試合等において瞑想をどのように活かしたらよいかを述べさせていただきます。先に「後発先至」について限定条件での対人稽古法を紹介しました。

通常、自由攻防や試合の場合は基本的に一対一でルールを決めて、お互いに公平な状態で行われることがほとんどだと思います。

武道・武術、格闘技の自由攻防を行う稽古法または練習法、試合には様々なルールがあり、私が経験してきたものだけでも、相撲、剣道、伝統派空手（寸止め）、柔道（寝技のみの乱取りも含む）、太氣拳（素手素面で顔面への掌打を多用）、ムエタイ&キックボクシング、極真空手（素手素足による顔面パンチなしの直接打撃制）、大道塾格闘空手（スーパーセーフと拳サポーターを使用しての顔面パンチ・投げ・絞め・関節技・頭突きあり）、ボクシング、K—1ルール（肘なし・首相撲制限あり）、太道（スーパーセーフを使用しての顔面パンチあり・掴みなし）、中国散打（パンチ・キック・投げを使用。マットに手・肘・膝をついてもポイントを取られ、擂台から二度落ちるとそのラウンドは終了）、散打搏撃（中国散打とムエタイの折衷ルール）、パンクラチオン・フルアゴン（オープンフィンガーグローブ着用で顔面パンチありのフルコンタクトの打撃・投げ・絞め・関節技あり）等があります。

伝統派空手（全空連）の試合では、静岡県大会高校の部優勝の後藤正人選手、和道会の高校チャンピオンとなった東海大一高の海野選手、剛柔会の全国大会で5年連続・型の部優勝の赤池清孝選手と対戦。第1回トーワ杯では士道館の村上竜司選手と戦いました。キックボクシングでは95年当時、全日本キックボクシング連盟ライト級2位の〝野良犬〟小林聡選手、後にWPMF世界ウエルター級チャンピオンとなった加藤督朗選手とのスパーリング経験があります。

大道塾では市原海樹先輩（93年北斗旗無差別優勝・第2回UFCに日本人として初出場し、ホイス・グレーシーと対戦）、森直樹先輩（97年北斗旗無差別準優勝）とのスパーリング、飯村健一先輩（92年北斗旗中量級優勝）、多田英史先輩（93年北斗旗中量級優勝）とのマススパーリング、中山正和選手（95年北斗旗無差別準優勝）とはライバルとして極真ルールの試合、北斗旗ルールの審査、スパーリング等でも戦い、とても良い経験をさせていただきました。

心身の質的変換と鍛錬法の変化

それでは、ここで1998年5月中国深圳にて開催された第1回世界散打搏撃選手権大会で、台湾の中華国術チャンピオンと対戦して勝利し、64キロ級チャンピオンになった後、中量級チャンピオンのタイトルに向かって中国散打の英雄・楊金強選手（94年〜97年中国全国武術錦標賽・武術散手70キロ級4年連続チャンピオン、97年イタリア・ローマで開催された第4回世界武術選手権・武術散手70キロ級チャンピオン）と対戦した体験談を参考までに。

今から23年以上前の話になりますが、1996年9月〜97年2月までの約5ヶ月間、インドにて瞑想を中心にハタヨーガも学び、ナシーク、シルディー、カンニャクマリ（コモリン岬）、仏教の四大聖地、ヴァラナーシー等の聖地を巡礼し、精神修養の旅を終えて帰国してから半年以上が経ち、そろそろ何かしないといけないと思い、英語と中国語の勉強を再び始めた頃に前述の試合に出ないかというオファーをいただきました。この時は、まさに「渡りに船」という言葉がぴったりの状況でした。

試合出場が確定する前の半年間は週に数回、体力維持のために腕立て伏せ（肩幅30回、肩幅より広く30回、両手で三角形を作って20回）、腹筋（シットアップ50回、クランチ50回、足上げ腹筋30回）、背筋（オーソドックス30回、頭上で手を叩きながら30回）、スクワット（四股立ち50回と肩幅50回）、カーフレイズ（50回）をセットで行うサーキットトレーニングを2セットとシャドーを行っていました。

1998年、中国深圳にて開催された第1回世界散打搏撃選手権大会で、中国トップクラスの強豪を相手に、武術の力で渡り合った（写真◎田中誠一）。

第1回世界散打搏撃選手権の際の一枚。向かって左から栗崎佳子師（拳武会）、木本泰司師（東京武術散手倶楽部代表）、「少林寺への道」主演の黄加達師夫妻、笠尾恭二師、田中誠一氏、著者。

試合に出場することが確定してから、インドに旅立つ前と同様のトレーニングを開始したのですが、インドにて長時間ヴィパッサナー瞑想等を修錬してきたことにより、心も身体も質的変換が起きていたので、以前のように息を上げて汗を絞り切るというやり方は、この当時の私にとって適していないことに気付かされました。

ちなみに、この時より約3年半前になる1994年の夏は最も自らミットトレーニングを課していた頃でした。オランダ・アムステルダムのメジロジムでアンドレ・マナート会長にご指導いただきながら、キックボクシングのトレーニングを10日間行った後、帰国してから翌年1月開催の第4回トーワ杯カラテジャパンオープンで新設される70キロ級優勝を目指して、1ラウンド3分・インターバル1分で、パンチ5ラウンド、キック5ラウンド、パンチ&キック5ラウンドの計15ラウンドを週1回の休みを除いて毎日行っていました。

試合出場確定後の当初はランニングを行いましたが、心と身体が拒否反応を起こすというか、合わないという状態になっていました。その結果、臥椿、瞑想、ガンプーストレッチ、站椿功、試力、摩擦歩、シャドーは毎日行い、対人稽古の合気上げと推手は週2回、スパーリング&ミットトレーニングは月1回のみで食事は玄米菜食にし、本格的に站椿功を中心とした鍛錬法に取り組むことが必然となりました。

俯瞰で観る

第１回世界散打搏撃選手権に臨んで心掛けたことの一つが、試合中は自分自身がどのように反応するかに身を任せ、内観しながら、もう一人の自分に上から見つめさせる（俯瞰させる）というもの。これは宮本武蔵が五輪書で説いている「観の目」であり、究極の目付ともいえる。

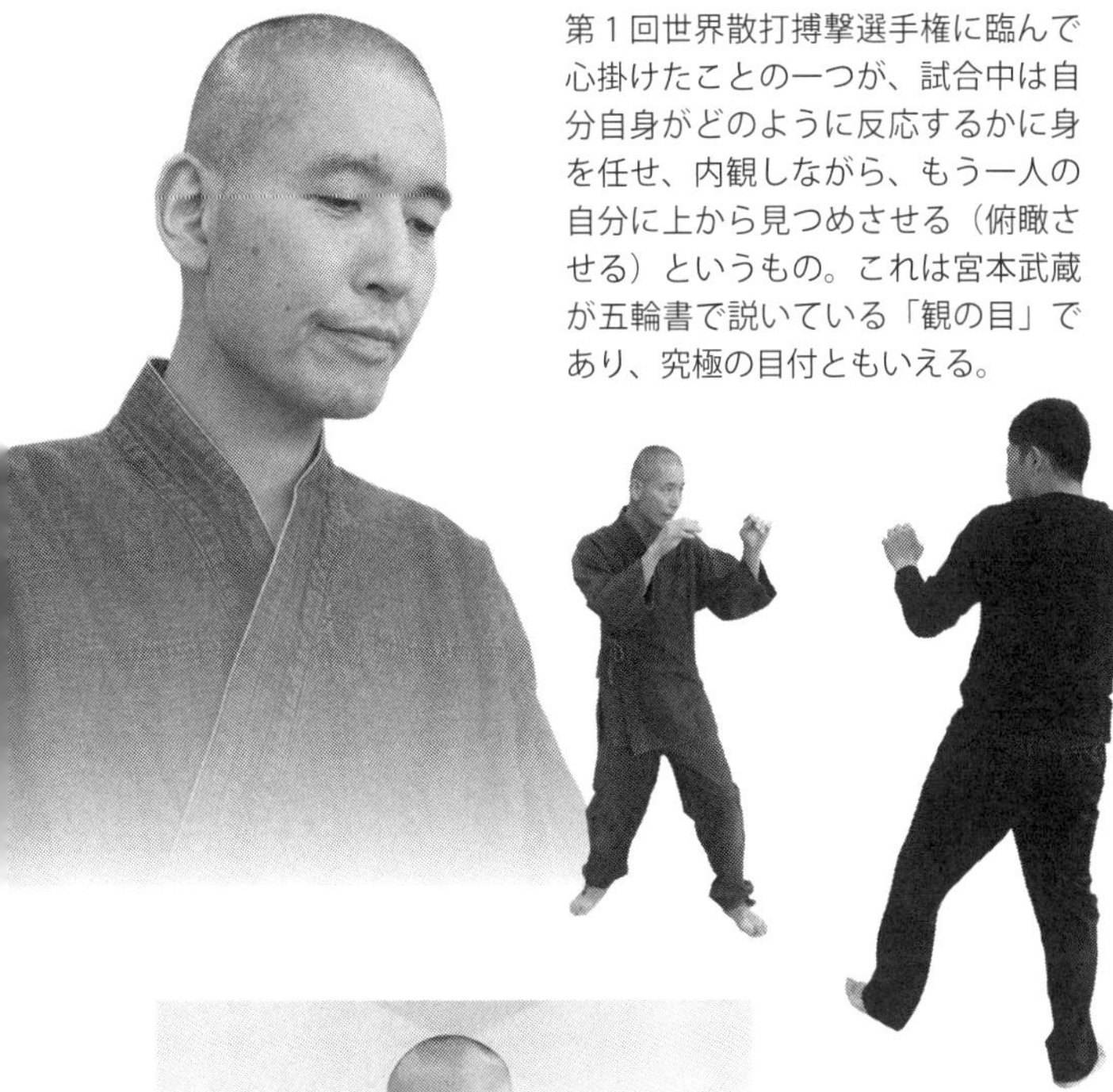

武術の構え

表面上は静かに見える構えだが、瞑想によって培われた内なる強さは、外面にも現れる。

そして約半年間、練功を継続してきた成果を試すことができる場としては最高の舞台が整い、いよいよ試合当日を迎えることになりました。

この大会は52～70キロまでは2キロごと、75～100キロまでは5キロごとに各階級のチャンピオンを決めた後、さらに軽量級（52～62キロ）、中量級（64～75キロ）、重量級（80～100キロ）のチャンピオンを決め、最終的に無差別のチャンピオンを決めるというものでした。ムエタイ選手とキックボクサーが出場しやすいように中国散打とムエタイの折衷ルールでパンチ・キック・肘打ち・膝蹴りが有効打、首相撲と投げありで、相撲のように手・肘・膝をついてもポイントを取られる散打搏撃ルールで行われました。

散打の最高峰で日本人が中国武術の極意を見せた

私が試合に臨むにあたって、心掛けたことは四つでした。

①勝ち負けに拘らず、ただリングに立って構え、自分自身がどのように反応するかに身を任せ、

内観しながら、もう一人の自分に上から見つめさせる（俯瞰させる）。

②対戦相手とぶつからないようにし、中間距離で打ち合わない。

③対戦相手を殺してしまうことと、自分自身が死ぬこともありうるという覚悟をもって臨む。

④試合の裁定は審判に委ね、試合に対する評価は観る人が観ればわかると達観する。

この試合について、『きみはもう「拳意述真」を読んだか』（ＢＡＢジャパン）の著者であり、日本代表団の顧問としてお世話になった笠尾恭二先生の大会インタビュー記事「世界散打搏撃選手権で見た内家拳の極意」（季刊『武藝』１９９９年夏号掲載）の一部を引用させていただきます。

「実は、深圳の大会中、私は不思議なものを見てしまった。ほかでもない、日本代表の岡部武央君があぁいうボカスカ自由に撃ち合う散打の中で達人的な動きを見せたのです。

表面は静かで、だから観衆には地味すぎておもしろくないわけですが、じかに向かっている相手には恐怖感を感じさせるような、ものすごく武術性のある戦いっぷり。内家拳の極意が表れていると私は感じた。それはつまり『拳意述真』が言いたいこととぴったり一致するところ

側踹を用いた交差法

相手の側踹（横蹴り）に対し、こちらも側踹を攻防一体の交差法で返す（①～③）。
楊金強選手との試合では無意識にこの技を繰り出し、転倒させた。

があるんです。それがね、帰国後も印象に残っていたから、あきらめないで『拳意述真』に取り組めた」

その他にも、中国武術・義龍會代表師範の廣瀬義龍先生が『武藝』1998年秋・冬号の2回にわたって中国武術家としての視点からの詳報を、劇画原作者・写真家の田中誠一先生（現・文星芸術大学マンガ専攻教授）は『格闘Kマガジン』（ぴいぷる社）や『モノ・マガジン』（ワールドフォトプレス）などに芸術家としての感性が豊かな内容をご執筆くださいました。

試合を振り返り、私としても2戦とも肚が据わり氣が出ている状態で、終始落ち着いて試合ができたと思います。武術的には怪我もせずに、今までできなかった動きができたり、無意識の交差法が出たりと良いところもありましたが、武術と競技という矛盾するものを融合するという観点からだと、中国散打トップの楊金強選手に勝利するにはさらなる鍛錬と交差法の精度を上げる必要性を感じました。

試合中と試合後も充実感を感じ、站椿功と等速度運動を中心とした鍛錬だったら、年を取っても継続できると確信を得て今に至ることになりました。

瞑想で戦う自由攻防

先述した俯瞰の意識で自然な反応に身を任せ（①）、一瞬の機をとらえて顔面を掌で打ち（②③）、そのまま流れるように中段回し蹴りへと繋ぐ（④⑤）。站椿功と等速度運動を中心とした瞑想的な鍛錬が「武術の自由攻防」を可能にする。

第11章

明鏡止水

「明鏡止水」は心身共にピュアな理想的状態

「明鏡止水」は「よこしまな気持ちを持たない、澄み切った落ち着いた心」という意味で、元々は「明鏡」と「止水」に分かれた言葉でした。「明鏡」とは塵や垢がついていない曇りのない鏡を指す言葉で、「止水」とは静かに澄んでいて止まっている水のことを指しています。

瞑想をする際や日常生活においても、武道・武術の一人稽古と対人稽古（自由攻防・試合も含む）を行う際も、心が明鏡止水の状態になっているのが理想的だと思います。

いかに心身共に健全でピュアでいられるか？　常に落ち着いていられるか？　本書で紹介したガンプーストレッチ、站椿功と試力、太極拳套路と摩擦歩（這）、ヴィパッサナー瞑想、プラントベースでホールフードの食事、ヨーガのシャヴァ・アーサナ等は、明鏡止水に至るためにとても役立つと思います。

前章では成功体験を述べさせていただきましたが、本章では、欲が出てしまい失敗した経験を参考までに。２００８年頃の出来事です。北京オリンピックが開催された２００８年4月より中国散打の指導を月に2回、土曜日の午前中に始めたのですが、この日は公共施設の柔道場が空いていなくて、私が当時勤務していたクリニックの院長（弓道四段）のご厚意により関連施設を使用させていただくことになりました。

スペース的にそんなに広くはなく、フロアもタイルカーペットを敷き詰めてある程度だったので中国散打特有の投げ技を行うことは難しく、ちょっとグローブを着けて練習するのもどうかという感じでした。この時は既に引退されていましたが、プロのキックボクサーとして10戦以上のキャリアがある井上浩氏と、彼が興味をお持ちの太氣拳の稽古をすることになりました。

ストレッチで身体をほぐした後、立禅（站樁功）、揺（試力）、這（摩擦歩）、練、探手、推手を行い、最後に散手（自由組手）を行ったのですが、井上氏の回し蹴りに対して自然に身体が反応して蹴り脚を取りながら前に出ると、井上氏が吹っ飛びました。ここで、私の脳裏に「もう1回やってやろう」という欲が浮かんできました。

今度は井上氏が放った右ローキックに対して、先程と同様に蹴り脚を取ろうとしたのですが、結果的に低いローキックを無理に取りに行く形になり、私の左手に激痛が走りました。かなり痛かったのですが、そのまま散手を継続し、何事もなかったかのように振る舞って、この日の稽古を終えました。

しかし帰宅する際に、舗装されていない川沿いの土手を自転車で走るとガタガタという振動が怪我をした左手に響きました。左手を握ったり開いたりすると左薬指の中手骨辺りからグッチングッチンという音がするので、骨折している可能性が高いと感じ、後日、整形外科でレントゲン撮影をしていただき、左第四中手骨が骨折していることが判明しました。診断と処置をしてくださった医師は整復の必要はないとおっしゃいましたが、こちらからお願いし、整復をしてシーネで固定していただきました。

これまでに、成長期の過度な稽古による脛骨内果疲労骨折、試合等では肋骨骨折（何度も）と母趾末節骨骨折をした経験がありましたが、いずれも不全骨折（亀裂骨折・ヒビ）でした。この時は初めての完全骨折で、万が一、変形治癒や偽関節になってしまい後遺症が残ることを懸念してしっかりと整復していただきました。麻酔なしでの整復はかなり痛かったですが、幸い、整復が上手な医師で予後が良好で完治し、現在も全く後遺症はありません。

この時は中国散打の指導を始めて間もない頃でしたが、２０１０年12月に今までで一番ひどい怪我をした時は、指導を開始してから2年半ほどが経っていました。

その日も柔道場が空いていなかったので、野外で中国散打の練習をしていました。いつも通り相撲を行ったのですが、前日に観た柔道の国際大会の影響を受けてか、「投げてやろう」という気持ちが浮上してきました。この時、実力差があるので私は余裕でやっていたのですが、弟子の田村氏は必死でした。

私が内股から大内刈りで投げようとしたところを田村氏に返され、私が地面に向かって落下し、田村氏が上になる寸前にひっくり返して自分が上になろうとしたのですが、私の背中が横向きに回転する力と、落下して田村氏の体と地面に挟まれる上下の力が合わさってしまい、ボキボキという音を立てて一瞬身動きができなくなりました。12月上旬の寒さと乾燥で地面が固くなっていて、柔道場の畳のようには上手くいきませんでした。

病院に勤務されている田村氏が「先生、救急車を呼びますか？」と私に聞きましたが、私は「大丈夫です」と答えました。それでも流石に対人練習の相手をするのは厳しかったので、この日は井上氏と田村氏の二人で組んでもらい、私は指導のみに専念しました。

その後、何とか自転車に乗って帰宅し、後日、総合病院の整形外科でＭＲＩ撮影をすると肋骨が5本9ヶ所折れていて血気胸もあり、入院を勧められましたが自宅に帰り、翌日からストレッチと指導も行いました。選手として公式試合を32戦、さらに自分自身の稽古としてあらゆるルールの自由攻防、不意に始まる実戦も含めて、このような怪我をしたのは初めての経験でしたので色々と考えさせられました。

先に述べたこの二つの怪我は指導中のことで油断もあり、調子に乗りすぎてしまったのが原因だと思います。まさに、油断大敵という四字熟語を痛感する出来事になりました。

「もう1回やってやろう」「投げてやろう」という欲が出てくるのは、氣が緩んで氣沈丹田、上虚下実の状態ではなく、上に氣が上がってきてしまい、緊張と緩和のバランスからいうと緩みすぎてしまったことにより出現してくる現象だと思います。緊張と緩和のバランスの取れたニュートラルな状態（站椿状態）をキープできず、瞑想という観点からいうと思考が停止した状態ではなく、湧き上がってきてしまっている状態です。また、それを客観的に見つめることもできていませんでした。

この大怪我の後、武縁にも恵まれて10年以上鍛錬を継続してきた結果、現在では常に肚が充実している状態で、上半身の力は抜け、臍下丹田から足の裏までが繋がり、頭頂部は天に向かっています。

臍下丹田を感得する鍛錬法と呼吸法

ここで臍下丹田を感得できていない方々は感得できるように、感得できている方々にはさらなる充実を得ていただくための鍛錬法をご紹介致します。約10年前に伝授していただいた、深井信悟先生(快風院主宰)考案の達摩四股《だるましこ》で、腸腰筋を鍛錬するのに最も適していると思います。

①姿勢はまっすぐで、足幅は肩幅より広めで爪先を外に向けて外ハの字立ちとなる。

②両掌を腸腰筋にあてて、臍下丹田から足裏、足指、足甲、足首、膝、股関節を緩めていく。この際に膝と爪先の方向を合わせて、上から見た時に膝が爪先を越えないようにする。

③上半身を片側に傾けていき、体重が片足に乗り切るまで待って、反対側の足が上がってくるまで待つ(虚実分明)。この際に脚で上げないようにして、膝の屈伸を用いないように(鬆跨)。爪先の方向に対して膝が内に入らないようにし、張りを崩さないように(円襠)。腰を痛めないように反り腰にならないようにし、尾閭中正、収臀提肛を遵守する。

④踏ん張らない、蹴らないで途切れないように連綿不断の状態で30分ほど継続して行えるよう

達摩四股

撑抱樁

腸腰筋

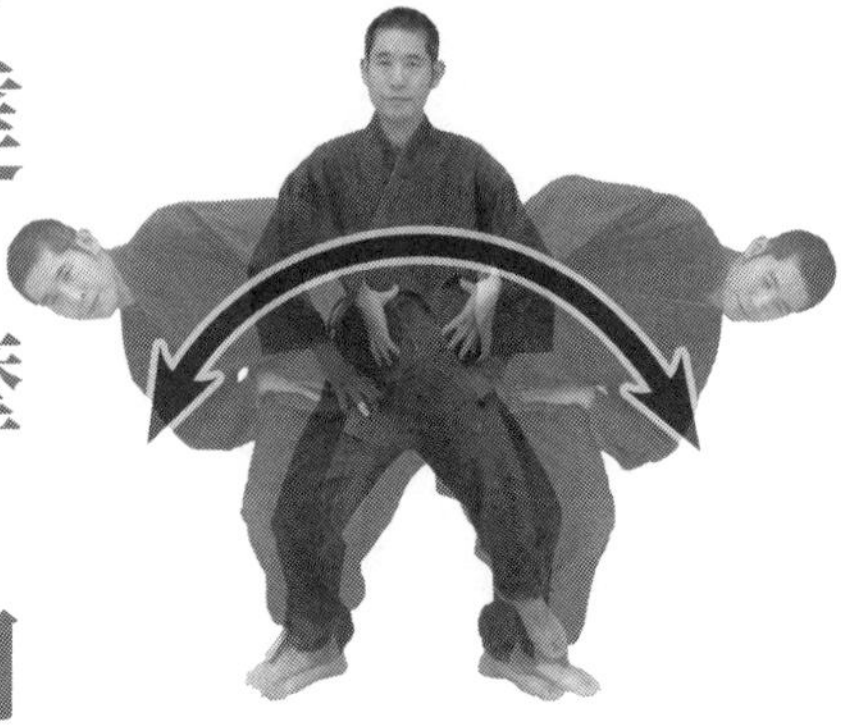

扶按樁

腰方形筋

深井信悟先生より学んだ鍛錬法であり、腸腰筋を鍛えるのに最も適している。基本は腸腰筋に手をあてて行うが、腰方形筋に手をあてたり、撑抱樁や扶按樁の形で行うなど様々なバリエーションがある（ここでは基本の腸腰筋版を解説）。姿勢はまっすぐで、足幅は肩幅より広めで爪先を外に向けて外ハの字立ちとなり、両掌を腸腰筋にあてる。上半身を片側に傾けていき、体重が片足に乗り切って反対側の足が自然に上がってくるまで待つ。これを振り子のように左右続けて途切れない連綿不断の状態で繰り返す。30分ほど継続して行えるようになるのが理想だ。

になるとよい。ご自身の心と身体の声を聴いて決して無理せずに、できる範囲で行う。

次は、初心者の方や臍下丹田が感得できていない方が緊張してしまった際の対処法として役立つ、天空氣功道開祖・越智勝三先生直伝の丹田呼吸法(順腹式呼吸法)をご紹介致します。調身、調息、調心という言葉がありますが、調息から入って調身、調心に至る方法です。

①リラックスして行いやすいように、仰向けになり足幅は肩幅で両膝を立てて膝頭が天井を向くようにする。

②臍下丹田の位置に男性は左掌をあて、右手を上から重ねるようにする。女性は反対で右手が下、左手が上になる。

③呼吸の字の如く、まずは息を吐き切る。できる方は上顎舌頂（上顎に舌先が触れている状態）を遵守しながら鼻から吐く。難しい方は口から吐いてもよい。首肩腕に力が入らないように、両手で上から下に少し圧をかけながら息を吐く時にお腹をへこませていく。この時に重要なのは息を吐き切ること。

④息を吐き切ることができたならば、自然と息を吸うことができる。息を吸う時は必ず、上顎

丹田呼吸法(順腹式呼吸法)

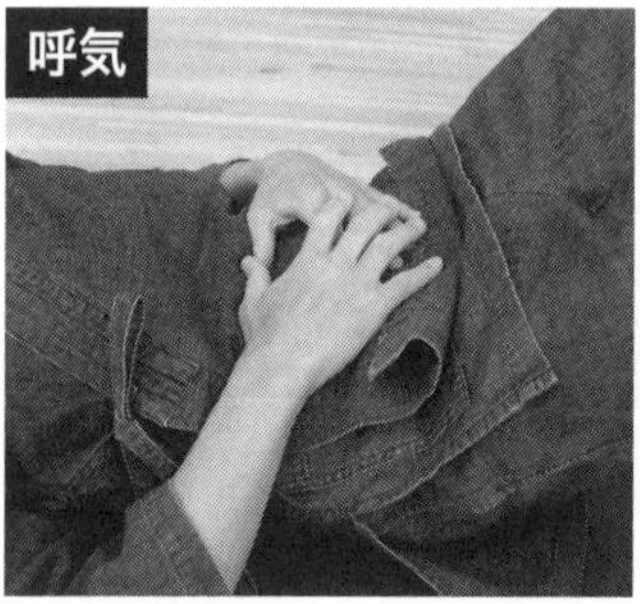

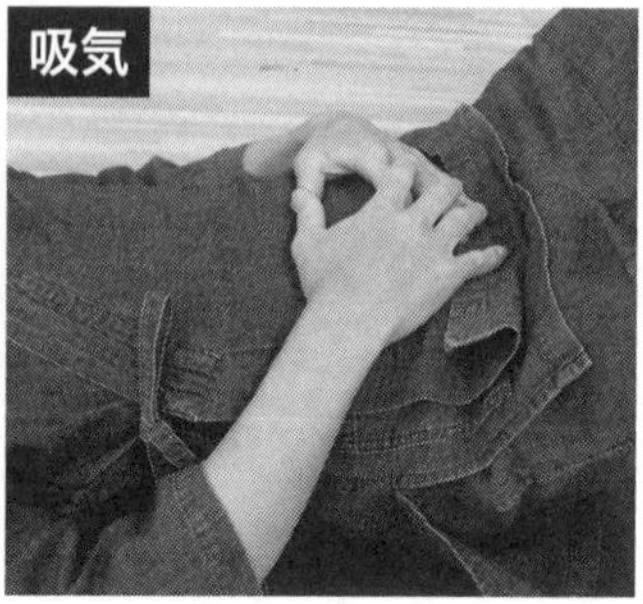

呼気・吸気と連動して、丹田が大きく収縮・膨張する。

仰向けになり、足幅は肩幅で両膝を立てて膝頭が天井を向くように。臍下丹田の位置に左掌をあて、右手を上から重ねる（女性は左右が逆になる）。まずは息を吐き切る。できれば上顎舌頂（上顎に舌先が触れている状態）を遵守しながら鼻から吐く。首肩腕に力が入らないように、両手で上から下に少し圧をかけながら息を吐く時にお腹をへこませていく。この時に重要なのは息を吐き切ること。息を吸う時は必ず、上顎舌頂を遵守しながら、鼻から吸うようにする。吐いて吸う呼吸を7回、さらに行いたければ7の倍数で14回、21回と行ってもよい。

1991年、天空氣功道合宿の際の一枚。天空氣功道開祖である故・越智勝三先生（中央）。越智先生は全日本空手道連盟糸東会師範でもあった。

舌頂を遵守しながら鼻から吸うようにする。吐いて吸う呼吸を7回行う。さらに行いたい方は7の倍数で14回、21回と行ってもよい。椅子に座っている状態や立っている状態でも同様に行えるようにしていく。

武術呼吸法

先述の丹田呼吸法を武術として用いるためには、呼気・吸気の境を消し、常に肚（丹田）が充実している状態をキープできるレベルまで至る必要がある。吸って吐いての呼吸は健康法としては有効だが、相手に呼吸を読まれるため武術的には使えない。武術の呼吸は管楽器の熟練奏者のように常に吐き続け、吸うのはほんの一瞬。丹田も収縮・膨張することなく、タイヤのように常に強力な圧が入っている。

第12章

梵我一如

GUMPU
METHOD

我と宇宙は同一である

「梵《ぼん》我《が》一如《いちにょ》」とは梵（ブラフマン：宇宙を支配する原理）と我（アートマン：個人を支配する原理）が同一であること、またはこれらが同一であることを知ることにより、永遠の至福に到達しようとする思想で、古代インドにおけるヴェーダの究極の悟りとされています。ヴェーダとは紀元前1000年頃から紀元前500年頃にかけてインドで編纂された一連の宗教文書の総称で、「知識」の意を持つ、バラモン教とヒンドゥー教の聖典です。

梵我一如と同じ意味と解釈してもよい還虚合道《かんきょごうどう》に至るまでを、中国気功の源流とされる内丹術（仙道）では練精化氣（小周天）、練氣化神（大周天）、練神還虚、還虚合道という段階で示しています。

形意拳、八卦掌、太極拳の三門を統合し、内家門を確立した孫禄堂先生（孫式太極拳の編纂者）が遺した内家拳の究極の極意書『拳意述真』では、練精化氣＝明勁（拳中の剛勁）・易骨、練氣化神＝暗勁（拳中の柔勁）・易筋、練神還虚＝化勁（無意の拳）・洗髄と記されています。

ここでは、ハタヨーガのプラーナーヤーマ（調氣法）の一つ、ナディショーダナ（片鼻呼吸

神奈川県丹沢・大山で滝行を行う。滝行はプラーナ（氣）を取り込むことができる。第1回世界散打搏撃選手権の前にも、滝行を行ってから試合に臨んだ。

法）とオームを唱えながらの瞑想法、私が様々な瞑想法を学び融合したガンプーヨーガの瞑想法、さらに禅密功の蠕動法《ぜんどうほう》をご紹介します。

プラーナはサンスクリット語で氣（身体内外に存在する生命エネルギー）、アーヤーマは制御、制止を意味し、プラーナーヤーマはプラーナとアーヤーマを合成した造語です。

ナディショーダナとオームを唱えながらの瞑想法は1996年にインド・ロナワラのカイヴァラヤダーマ・ヨーガ研究所のホスピタルに8日間滞在した際に学んだものです。

私が主宰するガンプーヨーガのクラスは2010年にスタートしましたが、ほぐしから入って様々なアーサナを行った後（骨盤と腰椎の調整も含む）にナディショーダナを行い、最後に瞑想を行って終了となります。

ガンプーヨーガの最後に行う瞑想法は、呼吸に意識を向けて観察するアーナーパーナ瞑想とチャクラを感じる瞑想法、ポジティブなイメージを用いて癌細胞等に働きかける瞑想法が融合してできたものです。

片鼻呼吸法で陰陽が調う

ヨーガでは身体中央の脈管・スシュムナー（前面に七つのチャクラと背面に背骨がある）を中心に、左側が陰エネルギーの通り道のイダーで副交感神経に対応、右側が陽エネルギーのピンガラの通り道で交感神経に対応していると考えます。

通常、呼吸は両鼻同時に呼吸が行われていると思われがちですが、ある実験によると、90分くらいごとに左右交互に行われていることが証明されているようです。

左右交互に片鼻で呼吸することにより、陰陽のエネルギーと自律神経（交感神経・副交感神

ナディショーダナ

陰

陽

左右交互に片鼻で呼吸することにより、陰陽のエネルギーと自律神経（交感神経・副交感神経）のバランスが調い、鼻の通りが良くなり、呼吸も深くなり、精神も安定する。最初は吐く息と吸う息を同じ割合から始め、少しずつクンバカ（止息）を入れていき、段々とその時間を長くしてゆく。吸息１に対して止息４、吐息２の割合が理想的とされている。

経）のバランスが調い、鼻の通りが良くなり、呼吸も深くなり、精神も安定してきます。さらに、大気中の空気と同時にプラーナ（氣）も取り込むことにより、宇宙との繋がりを感じていただきたいと思います。

ナディショーダナを行う際に、最初は吐く息と吸う息を同じ割合から始めて、余裕があれば、少しずつクンバカ（止息）を入れていくようにします。息を吐き切ることにより、息を吸うことは自然に行えるかと思います。

慣れてきて、吸氣後に自然に止息が入るようになったら、無理がないように段々とクンバカの時間を長くしていきます。吸息1に対して止息4、吐息2の割合が理想的とされていますが、心と身体の声を聴きながら行っていただきたいと思います。

聖音を唱えながらの瞑想

次は、オームを唱えながらの瞑想法です。オームは「AUM」とも表記され、聖音、宇宙の原初音とされていますが、仏教にも取り入れられて日本には密教の唵《オン》として伝わり、キリスト

オーム(聖音)を唱えながらの瞑想法

オームは「AUM」とも表記され、聖音、宇宙の原初音とされており、仏教にも取り入れられて日本には密教の唵（オン）として伝わり、キリスト教のアーメンの元になったともいわれている。AとUの中間のOをできるだけ低く発してMは鼻にかけるようにし、鐘を突いた後の余韻を感じるように身体の中で振動（バイブレーション）を感じるように行う。これは武術的な内功の鍛錬としても、非常に効果の高い瞑想法である。

教のアーメンの元になったともいわれています。

カイヴァラヤダーマ・ヨーガ研究所で学んだ後に、オームの発し方について ある記述を読んで、AとUの中間のOをできるだけ低く発してMは鼻にかけるようにし、鐘を突いた後の余韻を感じるように身体の中で振動（バイブレーション）を感じるように行ったところ、これだという感覚を得ました。

養生と鍛錬を同時に行う

最後に、深井信悟先生から伝授された禅密功の蠕動法です。中国由来の禅密功は、源流を辿るとインドにいきつくと深井先生が禅密功を学ばれた先生がおっしゃっていたそうです。

蠕動法は背骨を前後上下に波打たせて、背骨(椎骨)一つひとつの間の椎間を開いていきます。体幹部(肚脇)主導、深層筋主導で行うことに熟練すると養生と鍛錬を同時に行うことができるようになります。気功という観点からも任脈と督脈を繋ぐ小周天と大周天を行うことにもなります。

瞑想で至る究極の境地は恐怖なしに生きること

1994年に中国深圳で開催された国際散打搏撃選手権で、中国散打の楊金強選手との初対戦を終えて帰国し、天空氣功道開祖・越智勝三先生から植芝盛平著『合気神髄』(柏樹社)を

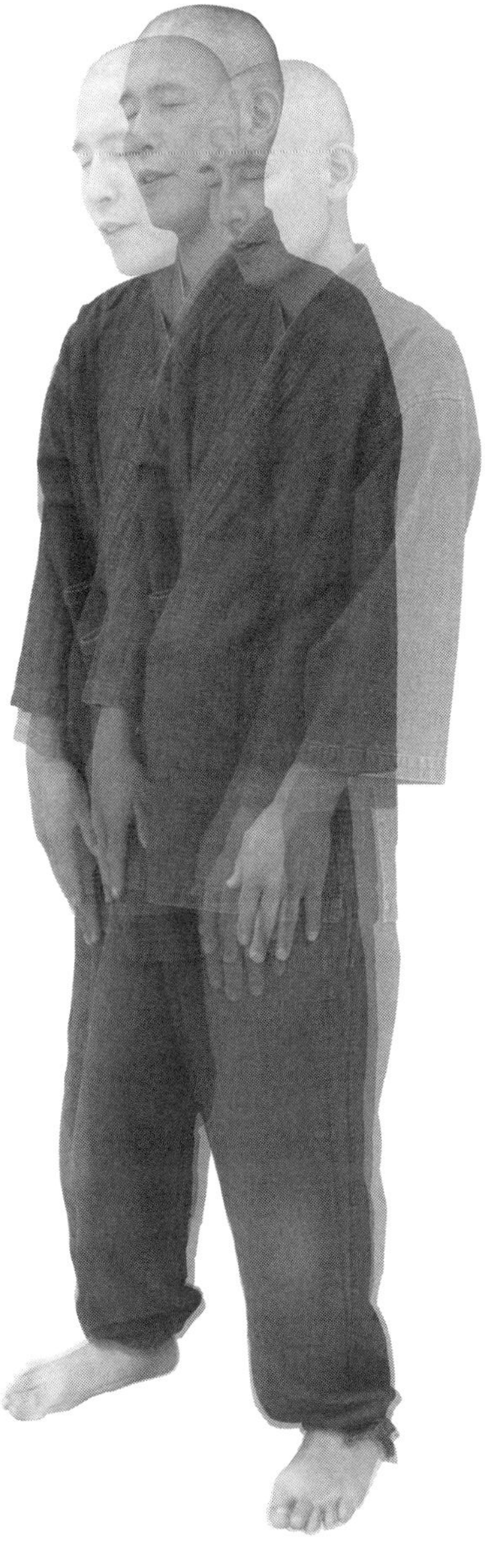

蠕動法

禅密功の蠕動法は背骨を前後上下に波打たせて、背骨（椎骨）一つひとつの間の椎間を開いてゆく。気功という観点からは任脈と督脈を繋ぐ小周天と大周天を行うことにもなり、武術的には縦回転の身法（翻浪勁）の習得に繋がる。

お借りして読ませていただいた後に、「宇宙と一体化する、神人合一、合気は愛、合気は禊」という言葉が心の中に残り、私が今やっていることは間違っているのではないかという疑問が湧いてきました。ここで、『合気神髄』より引用させていただきます。

「私は武道を通じて肉体の鍛練をし、その極意をきわめたが、武道を通じて、はじめて宇宙の神髄を掴んだとき、人間は『心』と『肉体』と、それをむすぶ『気』の三つが完全に一致して、しかも宇宙万有の活動と調和しなければいけないと悟った。

『気の妙用』によって、個人の心と肉体を調和し、また個人と全宇宙との関係を調和するのである」

まさに、植芝先生の境地は「梵我一如」と同じだと思います。22歳の時に読んだ『合気神髄』に影響を受けて精神的に変化が起きた後も、オランダメジロジムにキックボクシング修行、帰国後に自らハードトレーニングを課したことにより腰痛になり、半年間の帰郷を経てボクシングの世界チャンピオンを目指し再上京後、ブランクを埋めるために1ヶ月の間にルールの異なる三つのトーナメント（極真会館全日本ウェイト制、正道会館のK—1ルール、京都の太道）

に出場、スランプ期を経験し、24歳の時に精神修養のためにインドに行くことを決意しました。インド精神修養の旅に出発する前の約半年間、インドの聖者・賢者に関する本や精神世界の本を毎日7時間ほど、夜に寝ながら電気スタンドの灯りのみで読んでいたために右1・0、左1・2あった視力が一気に落ち、両目で0・7以下になってしまいました。

各種競技のルールによって勝者が変わる、また、各流派・団体の優越ではない普遍性を求めて一度、武道・武術・格闘技を捨てて、インドには片道切符と所持金12万円のみで入国し、異国の地で金もすべてなくなった時に自分がどのようになるのかを試すことにしました。日本を発つ間際、『王向齋伝』（ベースボール・マガジン社）、『透明な力』（講談社）の2冊を購入して拝読後に、インドから無事に帰国して再度、武道・武術を行うことがあれば、このような方向性になるのではないかという予感がしました。

1996年9月に日本を出国してムンバイからインドに入国し、ハタヨーガ、ヴィパッサナー瞑想を学び、ケーララ州ではカラリパヤットを見学後、さらに南下してコヴァーラムビーチでクリスマスイヴから正月7日までの2週間、毎日、起床してから宿の部屋かビーチで瞑想、午前中はガンプーストレッチとヨーガのアーサナ、昼過ぎから海に入って突き蹴りを繰り出し、夕陽が沈むまで波に乗って海と戯れていました。

海の中で速く突こう蹴ろうとすると水とぶつかり、しぶきが上がってしまうので、水とぶつからずに、しぶきが上がらないように突き蹴りを出すにはどうしたら良いかを検証していくうちに、太極拳や新体道のわかめ体操がなぜあのような動きになるのかがわかってきました。

インドという異国の地で所持金がほぼなくなり、さあ今後どうしようかとなった時に「自分は護られている、導かれている」という安心感が得られて神（大いなる宇宙意志＝Something Great）を感じることができました。この体験は、「梵我一如」の梵（ブラフマン：宇宙を支配する原理）を感じることができたのだと思います。

インド生まれの宗教的哲人であるJ・クリシュナムルティの著者に『恐怖なしに生きる』がありますが、この体験以降、私も恐怖なしに生きることができるようになりました。この体験があったからこそ、その後も経済的な心配をせずに、今ある状況の中で最善を尽くして、信念を持って武の道を歩み続けることができたのだと思います。

もちろん、武縁に恵まれて恩師と呼べる先生方、諸先生、諸先輩方にご指導をいただくことがなければ、ここまで至ることはできませんでした。現在、達人と呼んでいただけるまでにはなりましたが、名人、超人、神人というレベルが先にありますので、さらなる精進を重ねていく所存です。

ガンプーヨーガの最後に行う瞑想法

ガンプーヨーガの最後に行う瞑想法では、呼吸に意識を向けて観察するアーナーパーナ瞑想とチャクラを感じる瞑想法、さらにイメージを用いる瞑想法で心身を調えた後（①）、熱を感じるくらいに両手を擦り合わせ（②）、その手を今現在の自分の身体で調子が悪いと感じる部分（著者の場合は両膝）にあてることで癒やしていく（③）。

特別編

野稽古のススメ

GUMPU
METHOD

野稽古で五感を磨く

本書の最後に特別編として、「野稽古」をテーマに記していきたいと思います。毎週土曜日の昼からの個人指導では、私は1年を通じて公園で稽古を行っています。日中の最高気温が35度を超える猛暑日でも、林の中の木陰では稽古が可能です。

暑い時間帯には蚊があまり来ないのでよいのですが、曇りの日や夕方になると蚊が出始めるので、虫除けスプレーを用意しておくことをおすすめします。蚊に刺された際に痒みを感じると思いますが、掻きむしることをせずにそのままにしておけば、しばらくすると痒みは消えていきます。

第4章でご紹介したヴィパッサナー瞑想の観察（内観）を応用して、痒みは感じていてもそれにとらわれずにストレッチ、禅密功、站椿功、達摩四股、太極拳の套路等を行っていきます。

読者の皆様の中には、常日頃より野稽古を実践されている方々もいらっしゃると思いますが、ぜひ稽古を通じて、五大（地・水・火・風・空）を感じていただきたいと思います。

地――大地・地球を意味し、固い物、動きや変化に対して抵抗する性質。
水――流体、無定形の物、流動的な性質、変化に対して適応する性質。
火――力強さ、情熱、何かをするための動機づけ、欲求などを表す。
風――成長、拡大、自由を表す。
空――サンスクリット語のアーカーシャ、虚空とも訳される。

ここに記したのは五大本来の定義であり、もちろんこれらも感じていただきたいのですが、私が提案させていただく五大とは、肉体を通じて実際に感じることができるものです。視覚・聴覚・触覚・嗅覚・味覚の五感を研ぎ澄まして、地（大地、地球）・水（雨、雲、冷静さ）・火（太陽、情熱）・風（地球上の大気の流れとしての風）・空（地上にあって上を見上げたとき、そこに見えるものとしての空）という外界の状態を認識し、自身の身体と心の状態を観察（内観）しながら稽古を行っていきます。

林の中で靴を履いての野稽古の一例ですが、視覚により大地には土、枯れた枝葉、蟻等の昆虫を捉えながら、左右の足裏の触覚で大地の乾燥と湿り具合、枯れ葉や小枝、凹凸等を感じます。さらに地球と喧嘩しないように、踏ん張らない、蹴らないで途切れないように、身体の中

野稽古にて、自然の樹木を相手に蹴りの鍛錬を行う。

でも喧嘩しないように、空気とも喧嘩しないように、母指球と小指球と踵で構成される足裏の三角でバランスを取りながら、足指と足の甲も柔らかく使って母指球から踵にかけての足裏のアーチをしっかりと利かせます。

　聴覚からは鳥の鳴き声や風の音、親子連れの声や車の音、夏になると、盛んに鳴く蝉の声に生命力を感じさせられます。

　周囲の視界には木々や緑の葉、ガンプーストレッチで前屈や膝の屈伸を行う際に昆虫の死骸が目に入ると生々流転を感じ、後屈をする際には木々の間から見上げる空の青さや白い雲に感動し、新緑と紅葉の季節には目を楽しませていただいています。

春には爽やかな心地よい風、台風や豪雨の際には力強いエネルギーを感じ、太陽による影響を夏には暑さと涼しさ、冬には暖かさと寒さとして感じさせられ、嗅覚を通して雨が降り始める際の匂い（ペトリコール）、森の匂い（フィトンチッド）、緑の香り（GLVs）等も感じることができます。味覚では、舌の先端を上顎につけて口の中に唾液が溜まってきましたら、飲み込むようにしますが、微妙な味（甘さ？）を感じることができると思います。

プラーナ（氣）を感じる

これらの他にも、感覚には内臓感覚、平衡感覚などがあり、このような感覚を微細に感じながら稽古を行うことにより、第六感にも分類される微弱な電気、磁気、熱を感じることもできるようになります。この微弱な電気、磁気、熱のことをプラーナ（氣）と言ってもよいと思いますが、大気中の氣は肉眼で観ることも可能です。

私は、小学生の頃から時折、授業中の教室でプラーナを観ていたのですが、中学・高校と進学するにつれて、「これは何だろう？」と段々と疑問に思うようになっていきました。

透明なミドリムシのようなものが大気中に浮かんでいて、それが動くのを目で追っていたのですが、当時はそれがプラーナだと知る由もありませんでした。後に成瀬雅春先生の著書を拝読して、それがプラーナだと知り、腑に落ちました。

その後、2010年に開催された今野敏先生主宰の今野塾十周年記念演武大会に、躾道館一門として九十九式太極拳の演武をさせていただいた後の懇親会で、成瀬先生とお話しさせていただく機会を得て、確認することができました。

プラーナは大気中に遍満していますので、室内でプラーナーヤーマや丹田呼吸法、站樁功や太極拳套路（摩擦歩）等を行っていただいても良いのですが、広々とした野外等でのびのびと行うことにより、人間は自然の一部、人体は小宇宙ということを感じていただきたいと思います。

三体式と五行拳

それではここで、形意拳で重要視される三体式（六合歩）の站樁功をご紹介します。三体式

三体式

形意拳の最も基本となる立ち方。①左足の爪先を前方に向け、左足の踵と右足の踵を合わせて立つ（①）。右足に完全に乗り切ったら、体幹部（肚脇）主導、深層筋主導で左脚と左右の腕が上がってくるのに任せ（②）、左足を一歩踏み出し、踵から薄氷を踏むように着地する（③）。右手は臍下丹田の前、左手は顔前。体重配分は前足1：後足9の割合になるようにする（④）。

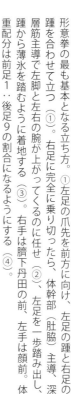

の三体は天地人を表し、形としては形意拳・五行拳の劈拳の完成形となります。

私が中国内家拳の恩師・深井信悟先生から伝授していただいた山西派宋氏形意拳の三体式では、通常、体重配分を前足3：後足7の割合で通常行うところを、前足1：後足9で行います。

①左足の爪先を前方に向け、左足の踵と右足の踵を合わせて、右足の爪先は45度外方に向ける。手は股間の前で右手甲が内側、左手甲が外側となるように前方に向けて、上半身がリラックスした状態で立つ。

②臍下丹田から足裏、足指、足甲、足首、膝、股関節を緩めて、右足に乗り切って左足の踵が浮いてくるまで待つ（虚実分明）。

③右足に完全に乗り切ったら、体幹部（肚脇）主導、深層筋主導で左脚と左右の腕が上がってくるのに任せる（用意不用力）。

④左足の踵から薄氷を踏むように着地し、後に腰掛けながら、右手を臍下丹田の前に左手は顔前にくるようにし、鼻先、右手指先、左手掌と指先、左足の爪先を前方に向ける（三尖相照）。右手は自分の中心に向かい（求心）、左手は遠方に向かうようにする（遠心）。手形は鷹爪で握った状態と開いた状態の中間で、収縮膨張が同時存在する鷹捉となる。

⑤右足踵の垂直線上に尾骨がくるようにし、鬆跨、鬆腰、円襠、尾閭中正、収臀提肛、虚霊頂頸、立身中正、上虚下実、上顎舌頂、二目平視を遵守するように。

後足に体重を9割乗せて行うので、負荷が大きく速効性があります。しかし大腿四頭筋、膝、外側広筋等の大腿部の前側と外側に効いてしまい、かなりきつく感じて脂汗が出てくるようでしたら、仕切り直して腸腰筋から内側広筋、内転筋、腓腹筋、ヒラメ筋、足底筋膜までの大腿部内側と裏側に心地よく効くように修正してください。上手く立つことができていれば、心地よく効いているという感覚が得られると思います。

三体式の站椿功を反対側も同様に行い、三体式から定歩での五行拳を左右交互に行います。五行拳は五行説の五行（木・火・土・金・水）に対応し、劈拳《へきけん》（金）・鑽拳《さんけん》（水）・崩拳《ほうけん》（木）炮拳《ほうけん》（火）・横拳《おうけん》（土）の五種類の拳を錬ります。その後、呼吸を整えながら収功を行います。皆様にも、身体を通して天地人を感じていただきたいと思います。

五行拳

劈拳

五行の「金」に対応する。三体式（①）から、体幹部主導で両腕を中心に絞るように寄せる（②）。左の引き手と連動させつつ、右手を上から下へ打ち下ろす（③）。腸腰筋で内に絞った力が外に逃げないように注意。なお五行拳は全て、体重を後ろ足に9割乗せて行う。

鑽拳

五行の「水」に対応する。三体式（①）から、肩腕ではなく体幹部主導で、左の前手腕で相手を押さえて引き込みつつ（②）、同時に右拳を内旋させながら顔面や顎に向かって突き上げる（③）。主たる力の向きは下から上へとなり、ちょうど劈拳とは逆になる。

崩拳

五行の「木」に対応する。三体式（①）から、三尖相照を守りつつ、中段に拳を突き出す（②③）。②で両手腕が交差する際、右の突き手は相手の突きの上に乗ることを想定し、③で突き出した拳は人差し指と中指の第二関節部が相手のほうへ向くように柔らかく握る。

炮拳

五行の「火」に対応する。両前腕で相手を下に押さえ握拳となる（①）。劈拳と同じく、体幹部主導で両腕を中心に絞るように寄せる（②）。右斜め前方へ左拳を打ち出し、同時に右拳を上段に掲げる（③）。右拳は防御であり、相手の構えをこじ開ける崩しにもなる。

横拳

五行の「土」に対応する。三体式（①）から、左手腕で押さえ受けしつつ、右手腕を内旋させながら打つ（②③）。※歩法を用いることにより横からの攻撃となる。外形のよく似た鑽拳は直線的だが、横拳は螺旋を強調する。また、③で右拳の小指球が上を向いていることがポイント。これによって、右手腕で触れた相手の突き等を受け流すことができる。

自然と共に生きたオーストラリアでの日々

それでは最後に、オーストラリアでの体験談を。2003年6月から約1年間、オーストラリアでパーマカルチャーを学ぶためにWWOOF（有機農場で働きたい人たち）をしながら、貴重な体験をさせていただきました。

パーマカルチャーとは、パーマネント（永久な）とアグリカルチャー（農業）もしくはカルチャー（文化）を掛け合わせた造語で、持続可能な環境デザインを指す言葉です。

まずは、ヨーガと気功が融合された「YOGA QIGONG」の指導者である、ゼンコーさんとジャニーンさんご夫婦のお宅にお世話になったのですが、電気は太陽光発電、水は雨水、調理と暖房は薪を利用し、トイレはコンポストトイレでした。お宅はまだ建設途中でしたので、我々夫婦はキャンピングカーのキャビンで寝泊まりをさせていただきました。

ゼンコーさんの所では雑草取りもよく行いましたが、薪割がメインの仕事で、余計な力を用いずスパッと割れるまでには少し時間を要しましたが、とても良い鍛錬になりました。

WWOOFは1日に4～6時間の労働をすることにより、食住を提供していただくシステム

オーストラリアのクイーンズランド州にて。写真左端に著者、YOGA QIGONGの指導者であるゼンコー氏（右から二番目）とジャニーン氏（右端）。

です。とはいえ、私は有機農家になるつもりはありませんでしたので、現地でヨーガや瞑想も実践し、ベジタリアンで有機農法等を行っている所に4〜5週間ずつ、計10ヶ所に滞在させていただきました。

Osho（ラジニーシ）のサニヤシン（弟子）の方々、教師としてアフリカでアナンダマルガヨガを伝えたシュクラさんとギタさん親子の所での寝泊まりはテントでしたので、夜に見上げる満天の星には宇宙を感じざるを得ませんでした。

タスマニアでタイ仏教の戒律を遵守しながら生活をされていたウォルターさん（ロイヤル・シェイクスピア・カンパニーの元俳優）の所では、小川で沐浴をしていたのですが、まだ朝に霜が降りたりする時期でしたので、水はとても冷たく、い

ロイヤル・シェイクスピア・カンパニーの元俳優、故・ウォルター・ブラウン氏（左）。タスマニアの広大な敷地の中にある、ウォルター氏の庵（右）。

つも滝行を思い出しながら入っていました。この時、ウォルターさんからすすめられて植樹した木は、今では大分成長していることでしょう。

このような自然と共に生活する体験は、氣（プラーナ）を取り込むという観点からも素晴らしい稽古になっていたと思います。もし機会がありましたら、ぜひ皆様とも一緒に野稽古ができればと思っています。

おわりに

本書を最後までお読みいただきまして、誠にありがとうございました。

執筆に不慣れな私の文章は、読みにくい部分もあったかと思います。しかし、私にとって大きな挑戦となりました執筆作業はまだまだ未熟ではありますが、不得手なことでもやればできるという自信を得られ、瞑想状態で内観しながら自身の状態を活字化、文章化する作業は大変勉強になりました。

12歳から始まった武道人生において、武縁に恵まれ、諸先生方に貴重な教えを受け、お引き立ていただいたことにより、来年3月で50歳という節目の時期にこのような機会をいただき、一冊の本を上梓できましたことに感謝致します。

最後に、『月刊秘伝』編集部の大塚義彦氏に毎回、原稿のチェックから撮影、編集作業と1年以上にわたってご尽力いただいたことにより、連載全12回と特別編を完遂することができました。企画出版部の森口敦氏には、企画の段階から書籍化に至るまでお導きいただいたことに感謝致します。

読者の皆様にとって、ご自身の実践される武道武術にも日常生活にも、本書の内容がお役に立てることを心より願っております。

著者◎岡部 武央　Okabe Takehisa

1972 年静岡県生まれ。井上元勝師範の唯心会にて空手道、琉球古武術を学び、1990 年より躾道館 小林直樹首席師範に師事し、易筋経、嫡流真伝中国正派拳法、太気至誠拳法、九十九式太極拳を学ぶ。1998 年、第一回世界散打搏撃選手権において 64 キロ級チャンピオンとなる。 2011 年より深井信悟師範に禅密功、回族心意六合拳、山西派宋氏形意拳を中心に楊家太極拳の要訣を学ぶ。現在、千葉県柏市を中心に東京都内でも太極拳の指導を行っている。九十九式太極拳の会・代表師範。総合武道研究会 玄武館会長。躾道館師範。合気柔術逆手道師範。代表作 DVD『内なる力で戦う 九十九式太極拳の実戦用法』（BAB ジャパン）。

総合武道研究会 玄武館
https://gumpumethod.com/

● 撮影協力 ●
岡部宜史（総合武道研究会 玄武館館長）、濱崎旦志（九十九式太極拳の会 指導員）

本文デザイン ● 澤川美代子
装丁デザイン ● やなかひでゆき

◎本書は、武道・武術専門誌『月刊秘伝』2020年8月号～2021年7月号に連載された「瞑想で強くなる!」、及び2021年9月号に掲載された特別編をもとに単行本化したものです。

武術で勝つ瞑想法

「内功」で自然のパワーを満たして使う

2021年9月5日　初版第1刷発行

著　者　　岡部武央
発行者　　東口敏郎
発行所　　株式会社 BAB ジャパン
〒151-0073 東京都渋谷区笹塚 1-30-11　4・5F
TEL　03-3469-0135　FAX　03-3469-0162
URL　http://www.bab.co.jp/
E-mail　shop@bab.co.jp
郵便振替 00140-7-116767
印刷・製本　　中央精版印刷株式会社

ISBN978-4-8142-0409-0 C2075

BOOK Collection

潜在能力を引き出す!三次元の心身活性術　意拳・気功

見えない「意識」の力が、実際の「身体」の力に変わる!　養生法としても確立された実戦中国武術「意拳」と中国伝統の国劇である「京劇」の身体技法、さらに中国最古の医学書『黄帝内経』のエッセンスが融合。中国悠久の叡智から生まれたシンプルかつ効果絶大なエクササイズを公開します。無理なく、無駄なく、覚えやすい内容で、枝葉を省いた身体操作の根幹を身につけることができます。

●張紹成 著　●四六判　●224頁　●本体1,400円+税

究極のマインドフルネスが実現する“折れない心”

少林寺気功で心を強くして夢を実現する!

“夢”を実現するには、歯を食いしばる必要はありません。何があっても動じずに淡々と進み続けられる“心”があればいいのです。それこそが、少林寺気功が求めて来たものです!　気功法は、少林寺では心を強くするトレーニング法として伝えられてきた。“究極のマインドフルネス”とも言える少林寺気功で、動じない心、そして夢を実現できる力が誰でも手に入る!

●秦西平 著　●四六判　●184頁　●本体1,400円+税

“たった4つの体操”で誰でも確実!

重力を使う!立禅パワー

「最強のバランス力を生む、トライポッド・メソッド」　地面とつながり、地球の力を流す!“筋力を超えた”武術の力の出し方!!　両足裏2点と手や腕などの身体を1点、計3点が外部と接触した状態で整った体勢を維持し続け、地球の重力を味方にする。中国武術・気功の基本にして極意「立禅」が生む合理的で不思議な力は、生来誰もが持っていた!

●松井欧時朗 著　●四六判　●212頁　●定価1,540円（税込）

気分爽快!　身体革命

だれもが身体のプロフェッショナルになれる!

3つの「胴体力トレーニング〈伸ばす・縮める〉〈丸める・反る〉〈捻る〉」が身体に革命をもたらす!!　■目次：総論　身体は楽に動くもの／基礎編①　身体の動きは三つしかない／基礎編②　不快な症状はこれで解消できる／実践編　その場で効く伊藤式胴体トレーニング／応用編　毎日の生活に活かす伊藤式胴体トレーニング

●伊藤昇　著／飛龍会　編　●四六判　●216頁　●本体1,400円+税

天才・伊藤昇の「胴体力」

伊藤式胴体トレーニング入門

〈伸ばす・縮める〉〈丸める・反る〉〈捻る〉三つの胴体の動きが身体に飛躍的な変革を起こす!　稀代の武道家が創出した究極メソッドに武道家、アスリート、ダンサーなど体を動かすプロが注目!　無理・無駄のない身体運用で「動きの質」が達人の域に!!　第11刷発行のロングセラー書籍をハンディ版に再編集!

●月刊『秘伝』特別編集　●A5判　●240頁　●定価1,760円（税込）